、40代&50代の人にこそ読んでほしい

”現代の花咲かじいさん“が教える

50歳からの個人起業で
もう一花咲かせたいときに読む本

通販コンサルタント
白川博司

序章

◆50歳からの、もうひとつの人生を考える

本書を手に取っていただいた皆さんの年齢はいくつでしょうか。40代でしょうか。50代でしょうか。60代でしょうか。もしかしたら、70代の人や30代の人もいるかもしれません。

私は、49歳まで、紆余曲折《うよきょくせつ》の人生を歩んできました。詳しくは後で述べますが、48歳のときの年収は200万円台でした。家族を養うだけで精一杯の人生でした。

しかし、50歳からの私は違いました。勤めていた会社を辞め、私の得意分野であった「通販」を活かして通販コンサルタントになってからは、年収が大幅に上がります。独立後、数年が経過し、私の顧問先が40社に達したときのピーク時の年収は1億円でした。これが数年続きました。今（69歳）は、健康のことも考え、顧問先を半分に減らしていますが、それでも年収5000万円は超えています。

５０歳を超えてくると、どちらかというと「人生の下り坂に入った」というイメージを持ってしまう人が多いかと思います。でも、私はそれを真っ向から否定します。５０歳からの人生はとても楽しいのです。とても有意義なのです。それこそ、**５０歳から人生の上り坂が始まる**とさえ感じています。

私はいつもフィフティプラス（５０＋）の考え方を持っています。極端に言えば、５０歳からは年を取らないという発想です。５０歳からはプラス年齢とともにいろいろなことが積み重なっていくのです。

◆この本を書こうと思った目的

私は、５０歳で通販コンサルタントとして独り立ちし、６０代で東アジア（中国やアセアン地区）への進出支援事業のコンサルをするようになりました。原稿執筆の今は６９歳です。７０代から何をやろうかと考えたとき、**「今の４０代や５０代の〝若い人たち〟には、５０歳からの私の人生論が役に立つのではないか。それを残すこと、伝えることができるのではないか」**と感じたのです。要するに、「私のような元気なおじいちゃんがいることは、これからの若者たちにとって、ひとつの勇気になるのではないか」と思ったわけです。

私が年収２００万円台の世界から、１億円を稼げるようになるまでの間に、実際にやってきたこと、

やっておけばよかったと感じたことを紹介する。このことは、あとに続く人たちへの人生のヒントになると思っています。

私が実際にやってきたことでないと伝えられないので、「50歳からの個人起業」についての話がこの本のテーマになります。なぜ、単なる人生論ではなく、起業を絡めてお話しするかというと、**「お金を稼ぐ」ということが社会との接点を一番持っていられる**からです。

定年になった人のいろいろな事例を観察していると、退職後、徐々に社会に必要とされなくなる姿が見受けられます。退職してから急に「人生の下り坂」を経験させられることが多くなるのです。

ということは、いつまでも「人生の上り坂」を感じるようにするには、反対のことをすればいいのです。つまり、お金を稼いでいさえすれば社会から必要とされなくなることはありません。

引退という言葉は横に置いて、生涯現役でお金を稼いで、余命を楽しく生きる。本書がそうした人生を送るきっかけになればいいと思っています。

◆白川博司とは何者か

今から思うと夢想でしたが、私はもともと、作家のような、モノを書く仕事がしたいと思っていました。20代のころです。ただ、物書きになろうとしても、どこから始めればいいのか、わかりませんでした。出版社に入るのが近道かと思いましたが、そんなに簡単に入れる業界ではないのも事実。それなら、出来上がった本が並ぶ書店で、本に接しながら、物書きになる準備を始めればいいのではないかと思ったのです。大手書店に入ってしまうと、日々の業務に追われてしまって自由な時間がなくなるのではないかと思っていたので、中規模の書店で、チェーン展開をしているところなら、〝本を並べて売る仕事〟をしながら、本のことを学べるのではないかと思い、Y書店のパート店員募集の広告を見て入社しました。余談ですが、そのころの時間給は5円単位だったことを覚えています。新宿店や銀座店など、いろいろな店舗で働いて、最終的に銀座店の副店長になりました。

Y書店には暖簾《のれん》分け制度があったので、30歳のとき、それに手を挙げます。最終的に、株式会社文和書店を立ち上げました。そこで、一応、社長になったのです（私は、この制度の第一号でした）。今思うと信じられないかもしれませんが、このころは、書店はまだ元気な時代で、「食いっぱぐれはない」と思われていました。ですから、のんびり経営していました。ものすごく儲かるようなことはありませんでしたが、同年代の人よりも少し良いくらいの年収は手にしていました。

ところが、安定的な商売とはいえ、日常業務の連続で、自分の意志も反映されにくく、次第に仕事がつまらなくなってきてしまったのです。仕入れに行っても大したことはできない。棚作りも、自分の思うようにはできない。書店大賞のような書店員が脚光を浴びる環境があるわけでもない。ただ、安定的なだけ。そこで、先が見えてしまったのです。

書店の経営も「もう10年もやったからいいだろう」と思い、40歳になって「サラリーマンでもやるか」と、文和書店を他人に任せ、新聞の求人広告を見て入社したのが通販関連の業界新聞を作っている会社でした。40歳で中途採用だと、当時は手取りで年収が200万円台だったというわけです。もともと、モノを書きたいと思っていたわけですから、新聞社に入ったことで、その夢には一歩近づきました。でも、収入は大幅に減ります。

業界紙ですから、取材営業のようなものです。このときに、記者と営業の経験を重ねながら、通販の知識と人脈を深めていきました。そして、49歳のとき、ペンネームで通販の本を出しました。このときは、本格的に物書きをやりたかったので、会社を辞めようと思って、本を出したのです。実際、会社は辞めてしまいます。

そして、50歳。夢であった本を出すことはできましたが、作家としてスタートしたわけではなく、業界ライターとして食べていこうとも思っていたわけでもなく、「サラリーマン生活は飽きてしまった」

という短絡的な理由だけで飛び出してしまったので、その後のことは、正直、あまり考えていませんでした。仕事を辞めてしまったことは、しばらくの間、家族には言えませんでした。事前に「辞める」と話したところで、反対されることはわかっていましたから。このとき、一番上の子どもは中学生。お金のかかる時期です。ただ今ほど不景気ではなかったこともあって、私自身には大きな不安はなく、「何とかなるさ」くらいにしか思っていなかったのです。

1～2カ月くらいは無収入の日々が続きましたが、すぐに、私の本を見た、日本経営合理化協会（以後、協会）のセミナー担当者から連絡がありました。「うちで、通販のセミナーを開催してみませんか」と。話によると、その当時から通販の本は多数出ていたのですが、「（私の書いたものが）協会の体質に合っていそうだと思った」とのことでした。通販というものが脚光を浴び始めたときでもあったので、協会に集まる中小企業の社長の方々のニーズにも重なったのでしょう。「通販ネタでの先生が誰かいませんか」となったときに、本をきっかけにして、私に白羽の矢が立ったということです。

それまで人前で話すことのなかった私にとっては、セミナーは重い仕事でした。自分を変えないとやっていけないと感じ、親からいただいたそれまでの名前である「四方博」を捨て、通販コンサルタントしての「白川博司」を誕生させました。以後、協会でのセミナーを皮切りに、「通販の白川」として、「中小企業の、異業種からの通販導入サポート」を売りに通販導入実績を蓄えていきます。この過程で、独立後の10年目で年収が1億円に達しました。40代で200万円台だった給料が、いったん50歳でゼロになり、その後、1億円になったのです。

若いときからではなく、50歳から起業して年収1億円になったという、この稀有《けう》な人生から学んだことを、これからの若い人たちに伝える伝道師として、70歳から使う名前も考えています。70歳からの名前は「人生、もう一花咲かせましょう」という意味で、〝現代の花咲かじいさん〟といえるかもしれません。「もう一花咲かすのは、決して難しくない」ということが、私の伝えたいメッセージのひとつです。「ゼロからの新規事業立ち上げ（通販）」も花を咲かせるという意味では一緒になります。

◆もう一花は、誰にでも咲かせられます

私が独立した当初、上場企業の社長の平均年収は5000万円ほどでした。コンサルタントになった以上、その倍くらいは稼げるコンサルタントにならないと、クライアント（社長）は私の言うことを聞かないんじゃないかなと思い、私は年収1億円を目標にしました。そういう夢のような話から始まったのですが、それが現実になりました。

年収1億円は少し現実離れしているかもしれませんが、年収1000万円や2000万円は夢のレベ

ルの話ではありません。例えば、70歳からの起業でさえ、年収1000万円は可能だと信じています。誰にでもできる普通のことを、緊張感を持って、確実にこなすだけで、たどりつけるステージです。

私は通販コンサルタントであって、起業家を育成するような立場にはいませんし、起業ノウハウ自体、多くの情報がすでに世の中に出ていますから、目からウロコ的な起業のノウハウはないかもしれません。でも、本書で紹介していることは、**私が独立してから今まで継続してやってきていることや、今の私が50歳の私を振り返ってみたときに「(事前に)やっておけばよかった」と感じたことなど、嘘偽りのないこと**ばかりです。ひとつひとつは簡単そうに見えても、すべてをストイックにこなそうと思えば、相当の行動力が求められます。でも、そのくらいのことをしないと、結果は出せないと思っています。

逆に言えば、本書で伝えていることをひとつでも多く実行できるのであれば、上り坂の人生を実感できると思っています。難しいことをしなくてもいいのです。高い能力が求められるわけでもありません。ただ、自分の強みを、それを必要としている人に届けるだけです。そのために、向学心をもって毎日を過ごすのです。無駄な時間はありません。すべての時間を自分自身の成長に充てます。それができれば、50歳から、もう一花咲かせることは、誰にでも可能なのです。

第1部　50歳からの個人起業で押さえておくべきこと

第1章

まずは、この章を読んで、50歳からの
個人起業に向いているかを判断してください

50歳からの個人起業に向いている人とは

本書は、個人で起業しながら、50歳からの人生を上昇させたい人に読んでいただきたいと思っています。

ただ、本気で起業するにあたって、やるべきことも多いですから、どうしても〝起業〟に向いていない人がいるのも事実です。そういう人に、なかば力ずくで起業しなさいといってもストレスしか溜まらないでしょう。別に、無理に起業しなくても、自分の50歳からの人生を楽しむことはできます。

本書を読んで時間の無駄にならないように、先に、どういう人にこの本を読んでいただきたいかをお話ししたいと思います。

●

①より強く起業家になりたい人

一番目に挙げるのは、何としても起業家（個人事業主）になりたい人です。当たり前の話かもしれませんが、とても大事な要素です。

起業家にはミッション（大義）が必要です、ミッションを持っていない人は起業家になりにくいと思います。ミッションに対しては、厳しく、自己チェックをしていかなくてはいけません。第6章でも紹介しますが、自分の強みが何なのか、誰に必要とされそうかなどを、冷静に自己分析できない人は起業家にはならないほうがいいと思います。違う道を歩んだほうが幸せでしょう。

今では顧問先となったある会社が、初めて通販の販売スタイルを導入したときの初回コンサル時にも、まず自己（自社）分析（社内資産の棚卸作業）をしてもらいました。会社の強みや売ろうと思っている商品の強みはどこか。それがどの層の消費者に必要とされるのか。そういうことを突き詰めておかないと、うまくいかないからです。逆に言えば、そこをきちんと分析できていれば、結果はついてきます。

このことは、起業も同じだと思います。

②こまめに情報収集できる人

起業家になるだけなら勝手に思いこめばいいだけの話ですが、そこできちんと結果を出すには、自己分析のほかに、市場調査も必要です。簡単に言ってしまえば、将来性のある「ブルーオーシャン」を見つけることが大事になってきます。

ブルーオーシャンを見つけるためには、書籍を読んだり、専門知識を持っている人に会いに行ったりなど、情報を集めるための行動と努力が必要になります。これらのことを億劫《おっくう》がってできないような人も起業するのは難しいでしょう。さらに、情報収集したうえで、オンリーワン商品（サービス）を作ることも起業家には求められます。

③楽天的に物事を考えられる人

起業すると、いろいろなことが起こります。ときには、もうやめてしまいたいと思うようなこともあるでしょう。このときに、物事を楽天的に考えて「なるようになるさ」と思える人なら大丈夫です。こう考えられるならば、歩みを止めてしまうようなことはないと思います。

逆に、心配性で、何かあるごとに不安になってしまうような人は、無理して起業家にならなくてもいいと思います。不安になって足を止めてしまうようでは、そのたびに収入が途絶えてしまいます。それでは、起業した意味がありません。

④これからの人生を楽しめる人

「これからの自分の人生は最高だよ」と思い込める人は、ひとりでの起業に向いています。今までの人生を見返してやるくらいの心意気があれば、多少の困難は簡単に乗り越えられると思うからです。実際、私は、独立以降この仕事をやめようと思ったことは一度もありません。今後も、これからの（70歳以降の）自分を信じて、生涯現役を通していくつもりでいます。

⑤自分のことを愛せる人

人の顔色ばかりうかがうのは駄目です。逆に、自分のことを徹底的に好きになれる人は起業に向いていると思います。「自分は何をやっても駄目だよ」と、自身を否定するような人がいますが、そういう人は本当に何をやっても駄目だと思います。

なぜなら、個人で起業する場合、起業した本人も商品になるからです。ほかの誰からでもない「あなた」から何かを買おうと思って、お客さんが来るのです。そのあなたが、あなた自身のことを愛せないのなら、最初から起業なんてしないほうがいいと思います。

⑥健康管理できる人

50歳からの起業でいうと、年を重ねていくほど、体が言うことを聞かなくなるので、若いうちから健康管理の意識をしっかり持てるような人でないと厳しいかと思います。定期的な健康診断、睡眠リズムの把握など、体を疲れさせないように自己管理できる人が向いています。心身ともに、隙は大敵です。隙を見せると競合相手（コンペジター）はそこを攻めてきます。

⑦方向転換のできる人

自己分析をしても、これといった優位性がなかった、あるいは、自分のキャリアが通じる市場はレッドオーシャンだったなど、どうしても現状のままでは苦戦を強いられるようなこともあるかと思います。

そのときには、固執しないで、方向転換することも必要となります。場合によっては、不利だとわかっているときには、無理に起業しないほうが、かえってビジネスチャンスにつながる可能性もあるわけです。

そういうときは、ほかの市場を探ってみたり、ほかの価値が自分にないかを分析しなおしてみたりなど、柔軟な思考が求められます。起業することが目的ではなく、稼ぎながら50歳からの人生を楽しむことが目的なのですから、別の道がないか、模索できるくらいの余裕が欲しいです。

●

ここまで読んでみていかがでしたでしょうか。このすべてが当てはまらなくてもいいと思いますが、「より強く起業家になりたい人」「こまめに情報収集できる人」「楽天的に物事を考えられる人」の3項目くらいはクリアできる人でないと、起業しても、苦労することが多くなるかと思います。

50歳からの起業に夢は必要ありません。現実だけを見ればいいのです。そういう意味も込めて、この第1章では、現実論を前提とした、起業家としての向き不向きについてのお話をさせていただきました。

第2章

すべてのことに楽天主義であれ！

1 立ち止まらない生き方
～白川流「楽天主義」の考え方～

(1) 物事を楽天的に考えられなければ、先へは進めない

楽天主義という話を「なぜ、最初に持ってきたのか」。それは、この考え方が、50歳からの起業のすべての土台になるからです。

私がこれからお話ししようと考えているのは、**「個人の力で生きていく」**というたぐいの内容です。組織に入らず、個人が個人の思うままに立ち振る舞おうと思うなら、立ち止まっている時間はありません。たとえその歩みは遅くとも、先へ先へと進んでいくことが必要になります。

50歳になって、会社を辞めたとき、私には先が見えませんでした。「通販」という多少の専門分野はありましたので、それを強みにしていこうとは思っていましたが、何ひとつ、具体的なものは決まっ

ていませんでした。新聞を買うお金すらもったいなかったので、毎日、朝になったら図書館に行って新聞を読んで、お昼になったら自分で作ったお弁当を図書館のベンチで食べ、午後になったらまた調べ物をして……。その繰り返しです。出口がどこにあるのかすらもわかりませんでした。

この本の読者も、もしかしたら私と同じような境遇に立たされるかもしれません。先がまったく見えない状態。それは、頭で考えている以上に人を不安にさせます。いつ、収入があるのか見当もつきません。「もしかしたら、このまま……」という思いも頭をよぎることでしょう。

この「不安でたまらない気持ち」を追い払うのに欠かせないのが**楽天主義**なのです。ここで「何とかなるさ」と思えなければ、残念ながら、そこから先へは進めません。

〝個人事業〟だけに限らないでしょうが、何かを始めるときに本当に大事なのは第一歩を踏み出すことです。第一歩を踏み出せたら、次は第二歩。第二歩を踏み出せたら、その次は第三歩……。立ち止まらずに、先へ先へと歩みを進めていくことが求められます。だからこそ、物事を楽天的に考える力が問われてくると私は考えています。「楽天主義」は、起業のスタート時には絶対に必要な条件だと考えています。

(2) マイペースで仕事ができる

そもそも、楽天（的）とはどういう意味でしょうか。検索すると、「自分の境遇を天の与えたものとして受け入れ、くよくよしないで人生を楽観すること」とあります。それはその通りなのですが、私が提唱する楽天主義は少し意味が違います。

私の言う「楽天主義」とは、突き詰めていくと、**「自分の時間を大切にする」**という自己管理の考え方につながります。自分の時間を、自分の思い通りに使いたい。それゆえの楽天主義なのです。ある意味、自己中心主義とも言えます。自分の時間は、自分のことだけに使うからです。

例えば、あなたが組織に属しているとします。この本の読者は会社勤めの経験をされている人も多いと思うので、容易に想像できるでしょうが、結局、組織の中に入っていると守るべきものが多くなって、思うように動けなくなってしまうものなのです。

仮に、お得意さんがいたとして、あなたの言葉ひとつでご機嫌を損ねるようなことが絶対にないとは言い切れません。もしもの場合には組織としてのダメージが大きくなります。となれば、頭の中で考えている言葉があったとしても、うかつには切り出せません。ましてや、自分の思うまま、勝手気ままに動くことなどできません。

お客さんのことだけではなく、ほかにも、上司の顔色を窺《うかが》ったり、部下の面倒を見たりなど、組織にいると〝自分以外〟のことに時間を割く必要性が増します。私見ですが、それでは、つまらないと思うのです。

そういうしがらみから逃れるとしたら、「個人」で勝負するしかないと思うわけです。

誤解のないようにお話ししておきますが、組織に属することが悪いとは思っていません。むしろ、若いうちは、組織に入って社会というものを学び、先輩やお客様からみっちり鍛えてもらうほうがいいと思います。

ただ、この本の想定読者は「生涯現役でいきたい」と考える人だと思っています。どこかのタイミングで「個人」で勝負する必要が出てくるはずです。そのことを見越して、今のうちから、限りある時間を自分のためだけに使う癖をつけてほしいと思っています。

2 物事を楽天的に考えるにはコツがある

楽天的に物事を考えるようにしなさいと言われても、もともと楽観的な思考の持ち主は別として、すぐに切り替えることは難しいかもしれません。

物事を楽天的に考えるには、まず、ストレスを感じるようなことはしないことです。さらに、ストレスを残さないようにすることも必要になってきます。物事を楽天的に考えるために、日頃、私が実践していることを紹介しましょう。

(1) 自分を中心に置いて「得か得でないか」を考えること

私が物事を考える基準は、いつもひとつです。それは自分を中心に考えることです。具体的に言うと、「自分にとって得になるかどうか」で動くかどうかを決めます。得になると思えばやりますし、得にならないと思えば、もちろん、やりません。

仮に、報酬の良い仕事があったとしても、ストレスの溜まり方が尋常ではない内容であれば、あえてやる必要はないわけです。「やる・やらない」を自分で決められる。そこが個人の強みです。

ところが、組織だとそうはいきません。嫌な仕事でも、やらないと職務を果たせないのです。でも、私は思います、「やりたくもない仕事をして楽しいですか？」と。楽しくはないと思います、きっと……。少なくとも、私はそういう仕事はしたくないです。ですから、自分にとって得になることだけしかしませんし、精神衛生上、そもそも得になることだけをやればいいと思っています。

得にならないことを始めてしまうと、途端に「仕事をするのが嫌だなぁ」という感情が芽生えてきてしまいます。そして、「嫌だ」と思い始めてしまったら、もう楽天的に物事を考えることができなくなってしまいます。

（2）今の自分に満足してはいけない

個人で仕事をする以上、自分のことがアピールできなければ評価もされませんし、収入も増やせません。これが現実です。

自分にとって得になることを仕事にしたいと思っていても、アピールに失敗して、仕事そのものの依頼がなければ、それ以前の夢物語で終わってしまいます。

では、自分のことをうまくアピールできるようになるためには、日頃から何をしておけばいいのでしょうか？

私自身が実際にやっていることをお話しします。私は常に学ぶ姿勢でいること、さらには学ぶことを欠かしません。自分自身のレベルアップを絶えず図るようにして、**今の自分に満足しない**ようにしています。

事実、寝る時間以外は何かを学ぶことが中心になっています。「自身をどう高めていくのか」については、また、あらためて紹介しますが、私の場合は本や人から学ぶことが多く、しかも、それらは得になることばかりです。

なかには、本を読んだところで大した知識は得られないとか、他人から学ぼうと思えるところがないというようなことを感じている人がいるかもしれません。もし、そうだとしたら、その考え方は今日から改めたほうがいいでしょう。**学ぼうとする気持ちがあれば、必ず気づきがあります。**もし、気づけないのなら、それは、真剣に学ぼうと思っていないだけの話、あなた自身に問題があるのです。

もしわからないことがあったり、仕事上の不備があったりしても、「日々、是、学習」と思っていれば、今まで知らなかったことや見落としていたことに気づくことができると思えます。でも、学ぶ姿勢がなければ、「できなかった」とか、「失敗した」とか、**負の感情だけが残ってしまいます**。それだと、先に進みにくくなってしまうのです。

要は考え方ひとつ。ですから、私はプラス思考になるほうの考え方をとっています。

この本の読者の皆さんは、何か社会に提供できるものがあると思っているから起業した（起業しようと思っている）はずです。だからこそ、常にレベルアップを図り、「私にはコレができます」という強みを盤石なものにしておいてほしいと思います。むしろ、「コレしかできない」と強く思えるくらいになってください。

私が起業したときは、金もない、キャリアもない、師匠もいない、人脈もない、仕事もないの「5ない」が揃っていました。そういうないないづくしのときにどうしてスタートできたかというと、「通販」という強みだけが多少はあったからです。通販のことを詳しく知らない人たちに、その仕組みを教えて、売上が伸びるように変えていくことには社会的に見て需要があると思っていましたし、そういうスタイルが今後、伸びていくであろうことも感じていましたから、この業界にいれば、収入も一緒に上がるだろうというイメージはありました。

ですから、やることは明確でした。それは何だったかというと、通販の世界のことを「今」よりも極めることです。正確に言うなら、そのくらいの気概で取り組みました。ありとあらゆる情報を集めて、整理して、マーケティングのことも勉強して、日々情報を更新して、知らないことはないようにしました（情報収集のやり方については第3章で紹介）。だから、その後、3万円もするような本［『通販成功マニュアル』（日本経営合理化協会）］を出すこともできたし、年収も億を超えるところまでいけたのだと思っています。

「今」に満足していたら、その先の成長は難しくなります。また、過信にもつながります。「満足しない」ということは、頭で考えている以上に、重要なことだと思っています。

（3）他人と自分を比べない

「自分はあの人よりも仕事ができる」とか、「どうあがいてもあの人には及ばない」というような感情は、仕事をしていれば、誰にでも生まれるものでしょう。

でも、他人と自分を比較するのは「百害あって一利なし」と断言できます。自分にとって得になることは何も生まれません。

比較したいのであれば、過去の自分自身にしてください。昨日の自分よりも今日の自分がどれだけ成長したのか。どれだけ多くのことを学んだのか。そういうことを考えたほうが建設的です。いわゆる、相対的な視点ではなく、絶対的な視点で考えるというわけです。

相対的に物事を考えてしまうと、他の人よりも劣っていると感じたときには気が滅入《めい》ります。仕事が嫌になって、ストレスも溜まることでしょう。

他人よりも秀でていると感じたときには、ストレスを感じるようなことはないでしょうが、それ以上に厄介《やっかい》なことにつながる恐れがあります。それは、おごりです。上から目線で他人に接したり、行動が横暴になったりなど、「この人とは付き合いたくない」という典型的な人物像になってしまうことが考えられます。

後述することになりますが、５０歳、６０歳、７０歳になって個人で仕事をしようとしたとき、「この人とは仕事をしたくない」とまわりから敬遠されている人になっていたとしたら、その前途は多難だと思います。

大事なことなので繰り返します。他人と自分を比較しても良いことはありません。比較するなら、過去の自分を対象にして、自身の能力を高める方向で考えてください。「絶対的な視点」を持ってください。

（４）４９％悪いことが起こっても、５１％良いことが起こればよい（５１％理論）

人と会ったり、何かを見たり、おいしいものを食べたりなど、一日、いろいろなことが起こります。

何から何まですべて、自分の得になるようなことが起これば万々歳ですが、そういうことは滅多にありません。うれしいこともあれば、嫌なこともあります。

そこで、私はどうしているかというと、自分にとって良いこと（得になること）が５１％あれば、その日は良い日だったと考えるようにしています。

４９％の嫌なことがあったとしても、過半数取れれば勝ち。これは、私流のプラス思考です。自分にとって嫌いなことがあっても、自分のことを嫌に思っている人がいたとしても、それは４９％の話であって、残りの５１％が私にとって有意義なものならそれでいいのです。

コンサルタントという仕事は、実はクレーム産業のようなものですから、いろいろ言われることもたくさんあります。でも、マイナスなことばかり考えていたら、仕事をするのが嫌になってしまって、次へ進めないのです。ですから、私は、「５１％良いことがあれば勝ち」というプラス思考（過半数論）で、自身を奮い立たせるようにしています。

きれいごとに聞こえるかもしれません。「あなただから、その考えができるんです」と思われるかもしれません。でも、やらずに批判しないで、少しの間でも、まずはやってみてほしいと思います。

（5）自分の悪さを残さない

仕事ですから、やっぱり嫌なことは出てきます。クレームが来たり、段取り通りに仕事が進まなかったりなど、私にも当然、そういう経験はあります。でも、ひとつひとつをくよくよ考えて次の日に持ち越してしまったら、嫌なことが51％以上になって、仕事をするのが嫌になってしまいます。休みたいとか、仕事が面白くないとか……。

ですから、私は、嫌なことがあったとしても、次の日の朝にすべて解消するようにしています。具体的に言うと、翌朝の数分間、鏡で自分の顔を見ながら、昨日あった嫌なことを思い出して〝毒〟を吐きます。ここでは書けませんが、そうとう汚い言葉を口にします。小さなスペースと少しの時間があればできますから、お勧めです。気分がすっきりします。自己嫌悪にも陥りません。

鏡を見るというところがポイントです。自分の顔を見つめながら、昨日起こった嫌なことを思い出し、大声を上げて自分の中から追い出す。この一連の流れでリセットします。そして、新たな気持ちで仕事に出かけます。

（６）できることだけに専念する＆チームを作る

能力の限界は、当然、人間にはあります。能力外のことはできないわけですが、できないことが多くなると人間は嫌になるものです。自己嫌悪にもつながります。そういうことを避けるためにも「学び」の姿勢は大事なのですが、やはり限度はあります。

私はどうしているかというと、できることしかやらないようにしています。できるかできないか、判断に迷うことがあったとして、それを無理に引き受けた結果、できなかったとなると、マイナスの感情に引っ張られてしまいます。

だから、できるかできないかをはっきりさせて、できることだけ受ければいいと考えています。できないことはできないと言えばいいわけです。というよりも、できないことを「できません」と言えるかどうかだと思います。できないことを無理してやってミスをして迷惑をかけるくらいなら、最初から正直に「できません」と言うほうが誠実な気がしませんか。

ただし、そうはいっても、「できないこと」が多くなってしまえば、いずれは自己嫌悪につながりますし、仕事の依頼も減ってきてしまうでしょう。

そこで、私はチームを作って対応しています。要するに、私にできないことを、代行してもらうのです。私にできないことでもこなせてしまう一流の人はたくさんいます。各々分野で、そういう優秀な人たちと仲間になってしまう、というわけです。

実は、この「チームがある」という点が、ほかのコンサルタントとは違う私の特長だと思っています。

普通、通販コンサルタントは助言（運営アドバイス）が主な仕事ですから、そこまで終わってしまうことが多くなります。でも、私の場合は、チームがありますから、助言だけで終わらずに、「具体的にどう動けばいいのか。何を準備して、何をすればいいのか」というアクション（実務）まで面倒を見ることができます。

各々の条件ごとにこのチーム（プロジェクトチーム）が機能します。私にできないことでも、できてしまう人たちがいるという状況は強みです。なぜなら、チームがあれば、最終的に私にできないことはなくなるからです。当然、何があっても楽天的に構えることができます。

ここまでお話ししたことで、もうおわかりのように、**楽天的になることの意味は「前に進みやすくする」ことにあります。**前進を阻害する要因を残さないこと、そして、前進を阻害するような要因を作らないようにすることが大事になってくると思います。

ここで挙げたことは、私が実際にやっていることです。私が自身で気づいたこともあれば、本や人から学んだこともあります。

第1部　50歳からの個人起業で押さえておくべきこと

第3章

50歳からの個人起業で後悔しないための情報との付き合い方

1 「仕事のテーマ」に関する情報を集める

個人で仕事をするにあたって、欠かせないのは仕事のテーマに関する情報の収集です。

自分の仕事に関することですから「当然、細かいところまで知っている」と思う人がいるかもしれませんが、私たちが考えている以上に、物事の移り変わりは激しいものです。同じような状態（環境）がいつまでも続くことはありえません。絶えず、新しいものを取り入れる姿勢は、生涯現役を考えるのであれば、当然、必要になります。

一昔前と違い、今はとても便利になっていますから、インターネットなどで検索すれば、調べたいことの大半は出てきます。例えば、私の場合であれば、「通販」で検索すれば、関連する情報が数珠《じゅず》つなぎで出てきます。その中で出てきた興味深い話をノートや手帳などにメモしておきます。まずは情報の量を増やすことです。とにかく、情報を集めてストックしておきます。

業種によっては、情報のストックなど必要ないと思うかもしれませんが、そんなことはありません。集めた情報は宝の山です。そのなかから思いもよらないアイデアが生まれることもありますし、話のネタになることもあります。

この本の読者は生涯を現役でまっとうしたい人のはずです。ならば、常に新しい情報を自分の中に仕入れるようにしてください。情報を入れないということは、進歩しないということ、すなわち、立ち止まることにつながるからです。

私は、50歳になって、個人事業主として起業しました。私がほかの50歳の方と違ったのは「もう一花咲かせよう」と思っていたこと、さらに、もう一花咲かすためにストイックに行動したことです。今思えば、仕事に関する情報を徹底的に集めて整理したことも、そのひとつだったのです。

面倒くさいことかもしれません。でも、こういうことをやり続けないと、10年後、20年後に大きな差が開いてしまうものなのです。

2 具体的な情報収集のやり方

この節では、**50歳になって収入ゼロになったときから始めて、今も続けている私なりの情報収集のやり方**を紹介します。

情報収集のやり方といっても、ごく当たり前のものです。奇をてらったものをやっても、他の人はともかく、自分自身に効果があるかどうかは未知数ですし、仮に効果があるとわかっていたとしても、そのやり方自体が大変なら長続きもしません。結局、「できる」ということを念頭に置いて考えるのであれば、シンプルなもの、つまり王道が一番いいのです。その王道を紹介します。

(1) インターネットを利用する

インターネットというと、「グーグル検索」が思い浮かぶかもしれませんが、私の場合、通販が専門ですので、日経新聞電子版ソフトをアイパッド（iPad）に入れて、「通販」というキーワードを検索しています。このソフトがあると、読み漏らしがなくなるので助かっています。

（2）図書館を利用する

インターネットは便利ですが、裏を返すと、検索次第で誰もが同じ情報を手に入れられるということになります。となると、情報の優位性が失われてしまうことも考えられます。

そこで、ぜひ活用してほしいのが図書館です。図書館には、新聞もありますし、雑誌もあります。言うまでもなく、新刊も昔の本も読むことができます。ネットでは手に入りにくい情報に触れることができるのです。

50歳になって会社を辞め、ひとりになったころ、お金がなかったので、よく図書館に通っていました。今から20年前の話です。当時はインターネットが普及していなかったので、お弁当持参で朝から晩までずっと図書館にいて、仕事に必要な情報を仕入れていました。お昼休みにはベンチに座って食事をして……。今でも図書館に行くと、その当時のことが思い出されます。

余談ですが、このお金のない時期に生まれたのが「お金を貯めたいのなら、お金を使うな」という単純な考え方でした。今ももちろん、無駄遣いするようなことはありません。

（3）新聞を3回読み、気になる記事を2カ所以上見つける

さて、図書館に行って何をしていたのかというと、各種新聞（主に日本経済新聞・今の日経ＭＪ）を読んでいました。各種新聞の中から、仕事に関する情報を探すわけです。私の仕事は「通販」でしたから、通販に関する記事が出ていないかを徹底的に探します。気になる記事が見つかったら、新聞をコピーして、該当部分を切り抜き、スクラップブックにします。この作業を毎日、繰り返しました。１年も続くと、かなりの情報が溜まります。

新聞を読むときに、自分に課していることがあります。それは、**切り取る箇所をその日の新聞から必ず2カ所以上は見つける**ことです。これは、**新聞と私との勝負**です。２カ所以上見つけられなかったら私の負けです。どういうことかというと、見つけられなかった私が悪いというわけです。自分のためになる記事（＝仕事に関連する記事）は、探せば必ずあります。それを探し出せなかったということは、私に原因があるのです。

切り抜く箇所を探す意味でも、私は、**新聞は3回読む**ようにしています。1回目は1面から読み始めます。2回目は最終面から読みます。3回目は広告だけを読みます。

こういう読み方をしていると、情報源が見えてきたり、人に会えるきっかけができたりなど、仕事につながる何らかの「縁」が見えてきます。3回読めば、見逃しもなくなります。私には、こういう読み方をする癖がついています。

情報収集という観点から言うと、新聞だけでなく、**書籍からも多くのことが学べます。**書籍の場合も考え方は同じです。自分にとって役立つ文章を必ず見つけます。具体的には、少なくとも、「3行」は見つけて、メモし、整理しておきます。

新聞や書籍を読むことは誰にでもできることです。でも、仕事に関する記事（文章）を切り抜いて整理（スクラップ化）している人となると、急に数が減ってくると思います。さらに、それを毎日続けている人となると、ごく少数の人になるのではないでしょうか。この作業は今も続けていますし、今となっては楽しい習慣となっています。

（4）月に1回、セミナー&展示会に参加する

私は月に1回、セミナーに出るようにしています。「自分の知らない知識を早く教わろう」というのが一番の目的です。セミナーだと、講師の肉声を聞きますから、頭に残りやすく、物事がわかりやすく理解されます。

私の場合は「通販」ということもあって流通業のセミナーに行くことが多いのですが、それだけに限ることもなく、わりと広範囲の業種のセミナーに参加しています。例えば、健康食品関連のセミナーに出るようなことも多々あります。機能性の表記の問題とか、参考になることが多いからです。

自分の専門のセミナーだけでなく、興味のある異業種のセミナーにも、5回に1回くらいは出たほうがいいでしょう。知識が広がるのはもちろん、人脈も広がります。何より、業界の雰囲気がわかります。業界紙のセミナーなどは顕著です。顔を出してみると、独特の「色」がついているから二度と行かないというものもあれば、自分に合っていて、もう一度、行きたいというものもあります。このあたりがわかるようになるためにも、何回もセミナーに参加したほうがいいでしょう。

展示会についてもお話しします。展示会があると、その中で、セミナーが開催されるケースもあります。普通、それには明確なテーマがありますから、自分の興味と合致したものがあれば積極的に聞いた

ほうがいいです。理由は、すでに述べた通りです。

私は、展示会自体は1時間で済ますことをルールとしています。行きたいところを事前に決めて、そこだけに集中します。具体的には、5社に絞っておきます。

ブースでは、必ず社長と名刺交換するようにします。社長がいない場合は、決定権を持っているような役員レベル（もしくは現場の責任者）の人と名刺を交換します。そして、情報を交換しているうちに、次回に訪問する会社を最低でも2社に決めます。私の場合には、最近では逆に、訪問先の企業から「もう一度、会って、お話をしたい」と言われることが多いですが、いずれにしろ、そういうルールを数値化していないと、時間がいくらあっても足りなくなってしまいます。

どういう展示会があるのかについては、その月の展示会情報を調べるとわかります。その中で、スケジュールと照らし合わせながら、自分が行きたいものを絞り込みます。

土・日・祝日にも多くの展示会があるわけですから、今、サラリーマンの人で本当に独立したいのなら、積極的に行っておいたほうがいいでしょう。家庭サービスなんてしていたらチャンスに置いていかれます。そういう人は大きく稼げません。人が働かないときにこそ動いて、差をつけないといけないわけです。努力をしても報われないことが多い世界で、その努力すらしないのであれば、もう先は見えてしまいます。

(5) フリーペーパー、カタログ、チラシは常に収集する

私は、外に出たら、必ずと言っていいほど店頭のカタログを手に入れます。その理由は、顧問先企業にとって役立つツールになるからです。例えば、和菓子屋さんだったら、競合他社の和菓子屋さんのカタログを顧問先に持っていって解説をします。カタログのキャッチコピーを見て、「こういう表現をしていますね。この使い方は御社でもできるんじゃないですか?」という感じです。

また、カタログには、同梱のツールがいろいろ入っていることも多く、「この業界ではこういうツールを使っているんだ」というところなどは参考になります。

チラシも参考になるツールです。チラシというのは、企業がお金をかけて、何かを「売る」ために作っているものです。それだけに、実によく考えられているツールであると言えます。

チラシのヘッドコピーは一番アピールしたい部分でもありますから、特に参考になります。数字を巧みに使っていたり、韻を踏んでいたり、書体を考えていたりなど、とにかく情報発信(55ページで紹介)の際にヒントになるようなことが山盛りなのです。

ほかにも、取り上げないといけない情報とはどういうものなのか、情報をどういう順番(どういうストーリー)で紹介するのがいいのかといったことも、チラシを分析するとわかります。

フリーペーパーも、手に入れるようにしています。その理由は、チラシで述べたことのほかに、フリーペーパーだけに許される表記（例えば、薬事法上の多少ゆるい表現）などがあるからです。そういう独特のルールをチェックしたりします。

ここまでお話ししてきて、勘の良い方はもうおわかりのように、自分の仕事に関連する情報は無料のものの中にもたくさん眠っているのです。そういうものは貪欲に集める姿勢が必要でしょう。

例えば、デパートに行ったときには、店員さんに「これ、売れてるの？　どんな評判なの？」などと聞いてみることは頻繁にあります。会話をすることで、生の情報に触れられるからです。特に、私の主戦場である通販の場合、消費者が中心ですから、消費者と接している店員さんと話をすることで、消費者の生の声を聞けるわけです。

こういうひとつひとつの行動を躊躇《ちゅうちょ》していたら駄目です。朝から晩まで、自分に関連する情報はすべて自分のものにするようなスタンスが求められます。同業他社もいるわけですから、一事が万事、そういうことに徹底しないといけません。

情報が必要なのはどの業界でも一緒です。今、何が流行っているのか、どういう考えが主流になってきているのか、どういう表現方法が成功しているのか、どういう販促方法がうまくいっているのかなど、自分の仕事に役立つことはたくさんあります。

(6) 気になる人には会いに行って情報を集める

書籍などを読んでいて、「この著者の話が聞きたい」と思ったら、どうしますか? 「本を書くような人は雲の上の存在だから……」と考えて、あえて何もしないでしょうか?

私は、書籍を読んで気になる著者がいたら、駄目もとで、すぐにアポイント(以下、アポ)を取って会いにいく手はずを整えます。なぜなのか。それは、会って話を聞くことが自分の得になると考えているからです。得になると思っていますから、躊躇することもありません。

会いに行くとは言っても、「そんなに簡単に会ってくれるものなのか」と疑問に思う人がいるでしょう。答えから先に言うと、意外と会ってくれるものです。私に対しても「会ってください」という依頼があります。そのときは、予定が空いていれば喜んで会います。

今でこそ、「会いたい」と言えば、会ってくれる人が増えてきましたが、昔はそんなことはありませんでした。会ってくれないケースも、たくさんありました。

でも、ここで「断られた」としても、落胆する必要はまったくないのです。断られたのは向こうの理由(たまたま都合が悪かったなど)であって、自分が悪いわけではありません。都合がつけば、いつかは会ってくれます。

だからこそ、「会えなかった……」と、深刻に考えなくてもいいのです。私はどうかというと、会えるまで、3回、チャレンジしてみます。それでも会えなかったら縁がなかったと思ってあきらめます。むしろ、ここでは「私との縁を無駄にしてもったいない。私と会っていれば、何か新しい展開があったかもしれないのに……」と思うくらいの楽天さが必要です。事実、これまで私はずっとそうしてきました。

一番大事なのは、会える会えないではなくて、**会いにいくという努力までは自分でしないといけない**ことです。そこを億劫がっていやがったらもう駄目だと思います。実際、ここを面倒くさがる人はとても多いです。やるべきことは単純なんです。ただ、やるか、やらないか、それだけです。そして、ここを思い切ってやらないと、「普通」の域を抜け出すことができないと私は考えています。

実際、著者云々《うんぬん》は関係なく、興味のある人に会いにいくことについては、起業家になりたい人でなくても普通にやっているものです。沖縄にある顧問先企業の通販部長は、稲森和夫氏（盛和塾長）の本を読んで感銘して、「何とか会いたい」ということで特別にセミナーを受けさせてもらい、実際に会って、また感銘を受けて沖縄に帰ったそうです。もちろん、自腹です。著名人は都心に住んでいることが確率的に高いこともあって、地方に住んでいる人にとってはハードルの高いことかもしれませんが、「会いにいく」という行動をとったから人生が変わったという人は多くいるわけです。サラリーマン時代にやっておくべきことはこういうことです。

ただ、そうはいっても、著者（著名人）に会いにいく場合、腰が引けてしまうのも事実でしょうから、アポを取るための簡単なスクリプト（トーク台帳）を次ページに載せておきます。

著者に会う場合、明確な疑問点が必要です。「先生はこのように書かれていますけど、私はこう思うのですが……」とか、「この部分を詳しく知りたくて……」というものです。2つくらいは欲しいです。逆に言うと、自分の知りたいテーマに詳しい人や、自分の考えにはなかったことを提案している人でないと、会いに行く意味がないわけです。私と同じような人に会いに行っても時間の無駄です。

アポを取る場合は、基本は電話です。自己紹介と会ってほしい理由（要件）を伝えます。電話するときは、こちらの緊張度を上げておかないといけません。きちんとした言葉で、歯切れよく、礼儀正しくお願いをします。こちらの緊張度が伝わると、向こうも真剣に聞いてくれます。反対に、もしダラっと電話したら、向こうもそういう雰囲気を感じ取って、断る理由を作ってしまうことになります。

向こうも忙しいでしょうから、きちんと時間の概念も入れて、「30分だけ、お時間をください」というようなお願いの仕方がいいでしょう。それが礼儀だと思います。

私の経験上、質問事項を急に言われても、最善の返答ができないこともありますから、先に口頭で質問を伝えたり、メールやFAXなどで質問事項を事前に送っておくのも一種の礼儀だと思います。わざわざ会ってくれるわけですから、そのあたりの礼節はきちんとして、スピーディーに終わらせることを意識して会うようにしてください。

◆アポイントを取るためのスクリプト

①著者の住所を調べて、日本にいることがわかれば電話を掛ける

↓

②話の入りとして、「著書を読ませていただいたこと」や「感銘を受けたこと」などを述べ、「著書の中でお聞きしたいことがあるので、先生にお会いしたいのですが……」と尋ねる。

↓

③大抵は、「先生は今、忙しくて……」と断られるので、そこで「先生のご都合のよろしいときで構いませんので、どういう段取りで、どういうことをしたらお会いできますか」と聞く。会いたい理由を述べて、どうしても会って話がしたいことを伝える。

↓

④「この日時に、このホテルのロビーで３０分間だけはとれますよ」などと答えてくれればそれでＯＫだが、普通は断られることのほうが多い。そこで､手紙を書いて送る。手紙には会いたい理由（質問事項）を書いておく。このとき、手紙を送る前に「以前、お電話をさせていただいたところ、先生はお忙しいということでしたので、まずお手紙だけを差し上げます。よろしくお願いします」とプレコールをする。

↓

⑤手紙を出してから３～４日後にフォローコールする。「お手紙に対して先生はどういうお考えなのか」「お会いできるのか、またはお返事いただけるのか」などを丁寧に尋ねる。

3 情報収集とは自分のレベルを上げることでもある

ここまで、私がどのようなやり方で情報をストックしているのか、その話をしてきました。情報の収集とは、仕事にとって役に立つ情報を仕入れるということ、つまり仕事に関する勉強をすることと同じです。

これまでお話ししてきたように、比率で言うと、私は基本的に本や新聞からいろいろなことを学ぶことが多いです。その次が人と会って学ぶことです。やっていること自体は、皆さんとそんなに変わらないと思います。ただ、その精度は高いと思っています。

量と質どちらを選ぶかというと、まず私は量からいきます。第4章であらためて紹介しますが、私は月に100人、新しい人に会うようにしています。年間で1200人、新たに知り合えます。本を読む

ときにも、月に5冊読むと決めています

このように、数を先に決めています。人に会う数、本を読む数を、ルール化しています。

さらに、書籍でも新聞でも、必ずそこから**何かを奪い取ろう**としてやっています。漫然と読むわけではないのです。そんなことを朝から晩までやっています。

それとは別に、私は、年間に2回（1月と8月）、自分の中の知的体力を強化する（＝情報を入れる＝勉強する）月間を作るようにしています。勉強する時間を作るとは言っても、もちろん仕事を止めるわけではありません。意識的にいえば「強化月間は仕事を入れるよりも勉強することを優先する」というイメージです。

強化月間ですから、うちでゆっくり本を読むレベルでは駄目です。本を読むくらいは通常時にできることですから、このときには、やはり外に出て行って人と会ったりとか、セミナーや展示会に出たりとか、海外商談会に出かけたりなど、自分の次の稼ぎのネタ作りがメインになります。これをやっている人とやっていない人とでは60歳を過ぎてから大きな差がついてしまうと思います。どういうことかというと、自分の中にあるネタが新鮮ではないということですから、結局、今となっては通用しない昔話になってしまうのです。情報収集を意識してやっておかないと「あの人は自慢話ばかりだ」とか、「過去の成功事例の話しかしない」とか、言われてしまうわけです。

我々はビジネスマンですから、自分のビジネスに対しての自己投資を月単位で考えないとやっぱりどこかの時点で先細りになってしまうと思います。稼ぐために何をするのか。我々はここを考えて行動しないといけないのです。情報収集とは、そのため（＝稼ぎにつなげるため）のものだと考えるようにしてください。

4 情報発信について

私の場合、仕事上、情報は生命線だと思っていますから、365日、常に敏感&緊張感を持っています。だからこそ、「通信販売」という言葉が出てきたときには、必ず整理（スクラップ）しておきます。日経新聞、日経MJ、業界紙を読むのは大前提です。

通販業界に限らず、どの業界においても情報収集は大事ですが、情報発信もまた、同じくらい大切な作業だと思っています。

情報は、集めただけでは足りません。集めた情報を整理して、アウトプットすることで、初めて価値が出ます。業種によっては、その情報自体が売り物になることもあります。直接的な売り物ではなくても、発信された情報に左右されて商品が売れたり、売れなかったりすることは実によくあります。特に、インターネットが主流になってきてからは、その流れが顕著になってきました。

この情報発信において参考になるのが、46ページで紹介したチラシです。特に物を売るための通信販売系のチラシは実によく考えられていて、キャッチコピーから始まり、サブキャッチ、ボディコピー（本文）、そして締め（クロージング）まで、無駄なくコントロールされています。そのようなチラシを見て、「何が書かれているのか」はもちろん、「このお店（商品）では何をアピールしようとしているのか」「他店との違いをどう出そうとしているのか」「誰をターゲットにしているのか」などを研究すると、情報発信の力が増加します。最初のうちは、真似をするだけでもいいでしょう。真似をするうちに、どういうパターン（＝流れ＝ストーリー）が心に残りやすいのか、わかってくると思います（※58～61ページに参考になるチラシを紹介）。

私の場合は、情報を集めたら、まず「書く」ことを意識します。書くことによって情報が反芻《はんすう》され、さらに整理されるからです。人によってやり方はいろいろあるかと思いますが、私にとっては「書く」ことが一番効果がありました。ですから、何か思いついたことや気づいたことがあると、すぐにメモする癖もついています。メモしたことで「そのときに何を思ってメモしたのか」が忘れにくくなるからです。そもそも、一次情報をそのまま使うようなことは、まずありません。それでは、情報の受け流しに過ぎませんからね。一度、必ず、自分の中に入れる。これは、情報発信のうえでの基本だと思います。

情報を発信するわけですから、媒体が必要です。理想かもしれませんが、5つくらい、自己媒体があるといいでしょう。ブログでも、フェイスブックでも、メールマガジンでも構いません。日誌を書くということでもいいのです。常に自己媒体があるという点が大事なのです。これを40代くらいからやっている人は、後年になって、起業家になろうと思ったときになりやすいです。ちなみに、私には、5つの媒体［フェイスブック（毎日）、ブログ（週2回）、月刊誌（通販実戦レポート）、隔月誌（東アジア実戦会レポート）、単行本（通販成功マニュアルほか）］があります。

何でもいいですから、自己発信を定期化する習慣をつけておいてください。定期的な自己（自社）媒体を持つことは、自分を売り込むための必須の営業ツールとなります。B to B用の自分（自社）情報誌も有効です。

発信することを常に意識していると、情報との付き合い方も必然的に変わってきます。自分の身の回りは情報に溢れていること、そして、自分にとって役立つ情報の多いことに気づくと思います。

情報は、どの業界にとっても、武器になります。このことを忘れないでください。

◆良いチラシ例：本搾り青汁（表面）

◎**特長紹介**
数字などを使いながら、商品の魅力をわかりやすく紹介している

◎**数字の使い方**
「1日分がこれ1杯」や「92%」のように、数字を巧みに使っている

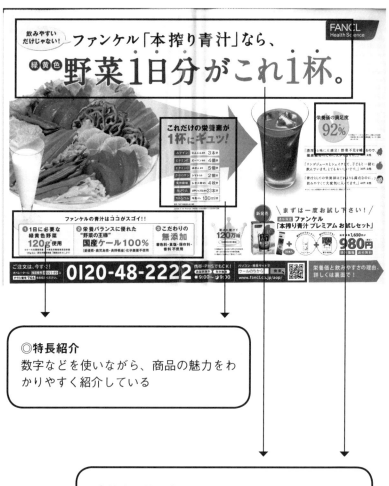

◆良いチラシ例：本搾り青汁（裏面）

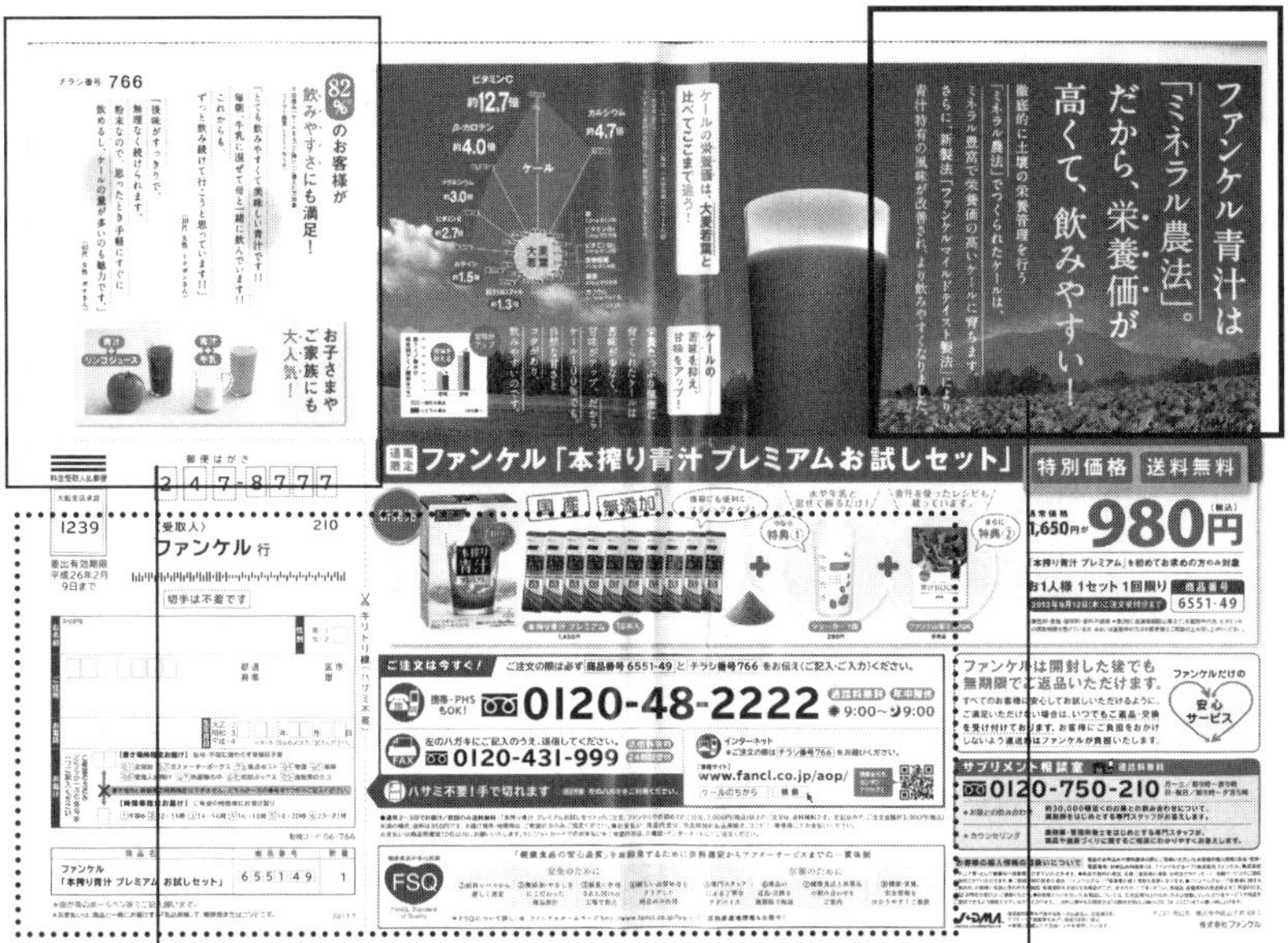

◎見込み客情報の収集

◎客観的な情報
「お客様の声」という客観的な情報を載せることで、商品の信頼度を高める

◎メリット（効果）紹介
この商品を使うと得られるメリット（飲みやすいから栄養を摂りやすい）を紹介。特殊な農法を使っていることも消費者の興味を引く

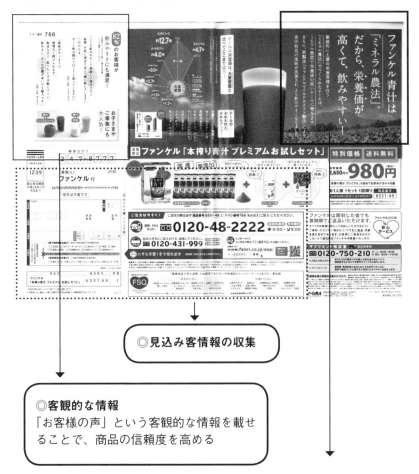

◆良いチラシ例：本搾り青汁（表面）

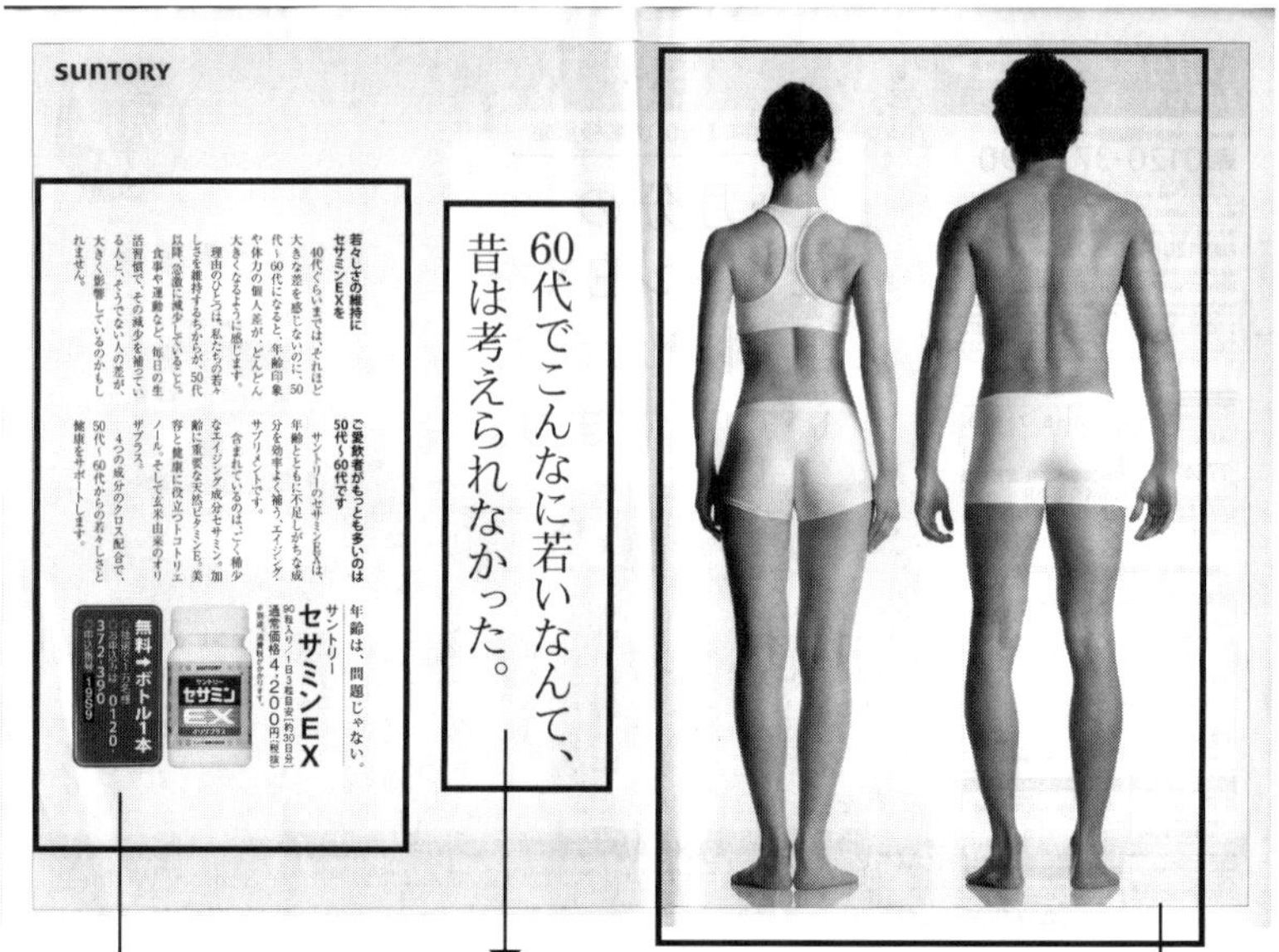

◎**言葉の使い方**

「60代」と「若さ」のように、
対比するイメージの言葉を共存させている

◎**特長紹介**

セサミンが含まれていることや、セサミンの摂取により若々しさがサポートされることなど、商品の魅力を簡潔に紹介している

◎**写真の使い方**

背中の写真を載せて若々しさをアピール

◆**良いチラシ例：本搾り青汁（表面）**

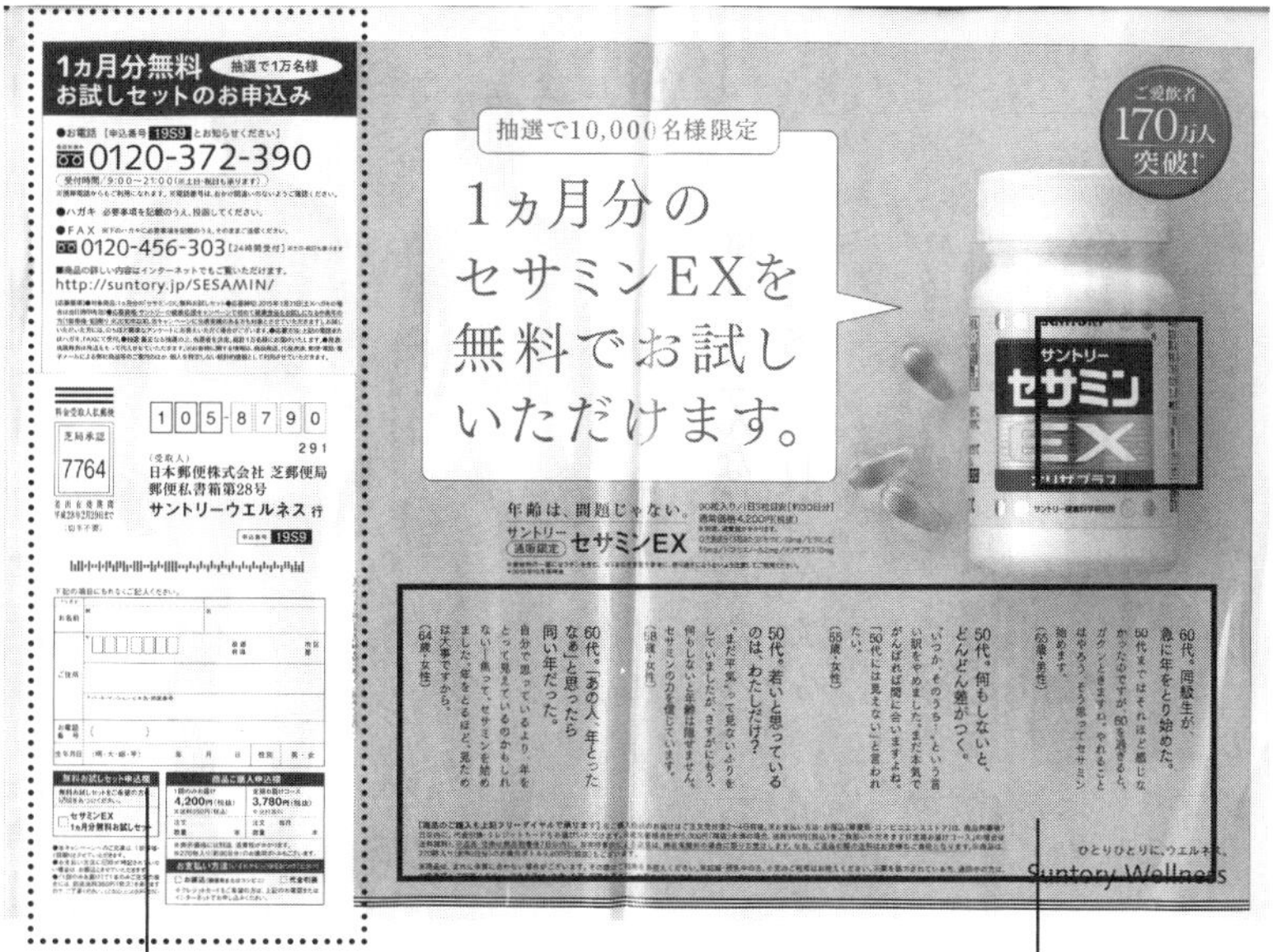

◎見込み客情報の収集

◎客観的な情報
「お客様の声」という客観的な情報を載せることで、商品の信頼度を高める

第1部　50歳からの個人起業で押さえておくべきこと

第4章

50歳以降で生きてくる人づきあい論

1 やってはいけない3カ条

個人で仕事をすると、組織で働いているとき以上に〝大切〟に感じることがあります。それは、人の「縁」です。

個人事業主とは言っても、自分ひとりの力ですべてをまわすことはできません。何かにつけ、人の力が必要になります。ということは、自分のまわりの人との関係を良好にしておかないと、いざというときにサポートしてもらえなくなる、というわけです。

それでは、まわりの人との関係を良い状態に保つためには何をすればいいのでしょう。私の経験から言えることは、以下の3つになります。

①人の悪口を言わない

②人には嫉妬しない
③上から目線にならない

ここで挙げたことは、実はあえて私が紹介するまでもない、ごく当たり前のことではあるのですが、この当たり前のことができていない人は非常に多いです。知っていることとできることは別ということなのでしょう。

上記の3つについて、私なりの見解をお話ししたいと思います。

(1) 人の悪口を言わない

仮に、「仕事を手伝ってください」と言われたとして、それが人の悪口をよく話している人からの頼みであれば、私なら、絶対に引き受けません。人の悪口を言うわけですから、陰で私のことも悪く言われている可能性があります。私も人間ですから、そういう人のために進んで仕事をする気持ちになれません。

仕事を引き受けたとしても、何かひとつでも相手の気に入らないことが起これば、事の真偽も確かめずに、評判を落とすようなことを言われかねません。それでは、リスクが高すぎます。そもそも、自分の大切な時間をそういう人に使う行為がもったいないです。

このことを反面教師にするならば、生まれてくる答えは「人の悪口を言わない人になりましょう」ということになります。「人の悪口を言わないなんて当たり前のことで、今さらあらためて聞かされなくてもわかっている」と反論する人もいるかもしれませんが、もう一度、ご自身の行動を振り返ってみてください。無意識のうちに、他人のことを批判していませんか？

居酒屋などに行くと、上司や部下への不満を声に出している人を見かけることがあります。日頃の鬱憤《うっぷん》のはけ口を求めてしまう気持ちはよくわかりますが、あれは、傍《はた》から見ていて、気持ちのいいものではありません。酒の席だからということで、その場では大目に見ている人も多いのかもしれませんが、そのときのことを覚えている人は必ずいます。「誰がどこで見ているのか」「誰がどういう思いで見ているのか」はわかりませんので、他人に不快感を与えるような言動はしないほうがいいと、私はどうしても考えてしまいます。

ただ、そうはいっても人間ですから、不満も溜まりますし、やるせない気持ちになることも絶対にあります。そのとき、私はどうしているかというと、ひとりになって自分自身と対話します。具体的に言いますと、33ページで紹介したように、鏡に向かって、毒を吐いて、心の内をすっきりさせるのです。その場で心に溜まっているものをリセットしてしまいます。この方法なら、誰にも見られることはありませんし、自身に本音で語りかけることができるので気持ちも楽になります。

これは、私がずっとやってきた方法で、私には効果てきめんでしたが、ほかの人にとってどうなのかは、正直、わかりません。でも、もし腹の中に溜まったものがあるなら、ひとりでいられるときの時間を使って、他人には知られずに対処してしまうやり方をとったほうがいいということだけは言えます。


他人の悪口を言うことの弊害は、助けてもらえなくなる可能性が高くなってしまうということだけにとどまりません。

個人で仕事を始めると、良くも悪くも、仕事のネタは人が持ってきてくれるということを実感することになります。仕事を依頼するほうも人間ですから、人の悪口を言うような人間のところに仕事のお願いをするのは、気持ち的に躊躇します。その人の技術がどんなに優れていたとしても、です。できることなら、気持ちよく仕事をしたいと思うのは誰でも同じなのです。

仮に、あなたが仕事をお願いする立場に立っているとしたら、どうでしょうか？　どういう人にお願いしますか？　人の悪口を言う人のところにわざわざお願いしますか？　私だって、もし仕事をお願いするなら、私の信頼する人にお願いしたいです。日頃から人の悪口を言っているような人のところに好き好んでお願いしません。「たったそれだけのことで……」と思われるかもしれませんが、実際は〝たったそれだけのこと〟が大きな意味を持つのです。

結局、人のことを悪く言っても、自分の得になることはひとつもありません。実際、私のまわりにいる経営者や成功者は悪口を言いません。みんな、気持ちのいい人ばかりです。「悪口は言われても、悪口を言い返さない」。そういう態度が見られます。私に対する悪口については完黙を守ります。

限りある時間です。人のことを悪く言うことに使うのは、もったいないからやめてください。もっともっと、違うことに使ったほうが建設的だと私は思います。

(2) 人には嫉妬しない

長い人生の中には、人をうらやむ機会が何度もあります。例えば、学生のころを少し思い出してみてください。「あいつは俺よりも頭がいい」とか、「あいつはスポーツ万能だ」とか、「あいつは何故だか女性にモテる」とか、ほんの数年の期間だけを見ても、他人に対してうらやましいと思う感情、いわゆる嫉妬《しっと》を感じてしまった経験は誰にでもあると思います。

私にも、嫉妬に駆られるときが、いまだにあります。例えば、若い人がビジネス書を出して急に売れ出したりしたときなどは「俺の本はどうなってるの？　なんで再版しないの？」などと感じることはあります。

こういう感想的なものについては、私は、厳密的には嫉妬とは言わないのですが、あえて嫉妬という表現を使うなら明るい嫉妬になるかと思います。

嫉妬には2つの種類があります。ひとつは今お話しした明るい嫉妬で、もうひとつは根暗な嫉妬です。明るい嫉妬は「あいつのようになりたい」という向上心につながります。ネガティブなものではないので、実は問題はありません。厄介なのが根暗な嫉妬です。

根暗な嫉妬は「どうしてあいつが……」とか、「あいつばっかり……」など、嫉妬を通り越して、恨みや妬《ねた》みにつながる恐れがあります。最悪の場合には、うまくいっている人の足を引っ張ったりすることも考えられます。

このような負の感情の塊になったままで良好な人間関係が築けるとは、私には思えません。

人間ですから、嫉妬という感情を完全になくすことは難しいと思います。難しいことを無理に解決しようとするとストレスが溜まりますから、嫉妬とうまく付き合う方法を選んだほうが賢明だと、私は考えています。

嫉妬とうまく付き合うコツは、先ほどお話しした明るい嫉妬を持つようにすることです。例えば、頑張っている人を見てうらやむのではなく、「あいつ頑張っているな。自分も負けてられないな」と、意識的に思うようにするなど、妬みの対象ではなく、良きライバルとみなすようにしてみてください。敵ではないのですから、もっと楽天的に考えてみることをお勧めします。

こういうことができれば、他人のがんばりを素直に応援できます。事実、私は、例えば大阪の大型書店で仲間の書籍が平積みにされていたならば、その様子を写真に撮って、フェイスブックにすぐ投稿しています。「この野郎……」と思っていたら、わざわざそういうことはしないです。素直に応援できるからこそ、できることだと思っています。そういう気持ちが相手に伝われば、人間関係も良い方向でまわるはずです。

人に嫉妬しないということも、実はごく当たり前のことですので、本来ならば、あえて取り上げるまでもない話かもしれません。しかし、仕事をしていると、この負の感情に縛られてしまっている人を実によく見かけるのです。「(自身が)嫉妬していないかどうか」を意識するだけでも、その後の行動はだいぶ違ってくると思います。

(3) 上から目線にならない

上から目線にならないということも、私があえて言うまでもない、当たり前の話です。でも、気をつけていないと、人間、知らず知らずのうちに上から目線になりがちです。
人間、結果が出ると自慢したくなるものです。その気持ちはもちろん、わかります。でも、そうやって脇が甘くなるというか、人間としての隙が出てくると、あとで手痛い目に遭わされることも多くなります。

この罠《わな》は私にもありえることですので、普段から気をつけています。例えば、グリーン車に乗らないのもそのひとつです。服装なども、相手に不快感を与えなければいいわけですから、必要以上に高価なものを身につけたりはしません。お金の使い方も、人に言わせれば、ケチケチしているように見えると思いますが、私は10円単位で考えます。食事だって、別に高価なものを食べなくてもいいわけですから、自分の分際をわきまえたものにしています。健康の面から考えても良いことです。

結局、姿形から見えるものやしぐさが派手になってくると、気持ち自体もその方向に引っ張られてしまうのです。そういう人の姿を、私は今まで何度も見てきました。その結果、最後にどうなるか。行動も横柄《おうへい》になってしまうのです。

でも、稼げば稼ぐほど上から目線になることは、ある意味、本能的なものなので仕方のないことでもあるのです。仮に、自分では気をつけていても、まわりがそういう態度で接してきますから。「先生、先生」という感じで持ち上げられたら、それは図に乗ります。そして、持ち上げられたところで階段を外される、というわけです。

例えば、会社経営でいえば、利益が出れば出るほど、考えが甘くなって、採用する人や一緒に組む人の選び方を間違ったりすることなどがあります。それが、まわりまわって無駄につながるわけです。あとから振り返ってみると、〝甘さ〟が大きな損失の始まりだったということもよくあります。常に、自分の隙を埋めるようにしておかないと駄目です。


上から目線の弊害は「甘さが生まれること」だけではないです。人づきあいの根本が蝕《むしば》まれるおそれもあります。

例えば、態度の横柄な人と付き合って、気分がいいですか？ 決して良くはないと思います。「どうして、あなたはそんなに偉そうなのですか」と感じませんか。もう一歩踏み込んで、そういう人と仕事をしていきたいと思いますか？ 私なら、やっぱり嫌です。

上から目線になっている人には、たいてい人が寄り付きません。わざわざ気分が悪くなるようなものですから。そうやって人が離れていけば、次第に仕事もなくなります。「最近、仕事があまりない」と気づいたときにはもう遅いのです。


仕事柄、先生と呼ばれる機会の多い私にとって、この「上から目線」は、わたしのすぐそばにある落とし穴だと思っています。だからこそ、グリーン車に乗らないとか、出費は10円単位で考えるというようなことを今でも続けていますし、これからも続けていこうと思っています。

ここでのポイントは「続ける」ということです。「たまにやる」とか、そういうレベルではありません。習慣になるレベルまで徹底しないと、気づいたときには、上から見ていたということもあり得ます。

ちなみに、自慢話のようなたぐいの話をすることは、50歳で起業してからは一度もありません。自惚《うぬぼ》れないということを、私は常に意識しています。「白川さんは謙虚すぎるから、もう少しアピールしたほうがいいんじゃないの」という人もいますけど、私は私流でいいと思っています。

2

1カ月に新規で100人の人と名刺交換する

第1節では、人づきあいのうえで「避けるべきこと」を紹介しました。この第2節では、逆の話をします。人脈を広げるという意味で必ずやってほしいと思うことです。

私には、「月に100人、知り合いを増やす（名刺交換する）」という目標があります。月に100人というと「多い」と思われるかもしれませんが、1日に換算すると、3人ちょっとになります。私の場合は、セミナーの講師になることも多いので、このくらいの数ならこなせる範囲です。

月に100人と知り合いになるということは、年間で1200人の知り合いが増えるということでもあります。自分のセミナー（通販実見会）では、まず各人の名刺交換からスタートします。

知り合った人たちはみんな大切ですが、すべての人たちと平等に付き合うのは物理的に無理なので、このうちの3％の人たちとコアな関係（＝仲間になったり、お客様になっていただいたり）を築けるように動きます。月に3人、年で36人です。このくらいのペースで人脈を広げていかないと、年収1億円を目指すのは難しいと思います。

もちろん、この本の読者は「まずは年収1000万円を稼ぎたい」という人たちでしょうから、月に100人でなくても、本当はいいのかもしれません。でも、最初のうちは、月に100人目指すくらいの気持ちでやって、月に30~50人、知り合いが増えればいいほうだと思います。最初から目標を小さくしてしまうと、知り合いがまったく増えないということもありえますから、「100人、増やす」と決めて動いたほうがいいと私は思います。

私の経験則から言えば、月に100人、知り合いが増えれば、何らかの仕事は生まれます。もしも、「仕事がない」という壁にぶつかったならば、人脈を広げることからまず始めてみてください。とにかく、自分から動かないと話になりません。自分のビジネスの参考になるセミナーがあれば、そこに積極的に参加するのもいいでしょう。セミナー後に懇親会があれば、講師はもちろん、参加者とも名刺交換ができます。異業種交流会でもいいと思います。自分の世界とは違った人と知り合いになることは、ある意味、刺激的なことでもあります。

そのほか、48ページで話したように、気になる人に積極的に会いにいってもいいわけです。とにかく、「動く」ことを億劫がっていては何も始まりません。動くのが嫌なら、時間の無駄だと思いますので、起業なんてしないほうがいいと私は思います。

3 「味方」と「無縁な人」にグループ分けする

人づきあいで悩むのが、「目の前の人が自分にとって味方なのかどうか」です。このことについては、考え出すとキリがないですから、「自分が接する人は味方だ」と思い込むほうが気楽（楽天的）になれます。

気をつけないといけないのは、もし味方だと思っていた人に裏切られてしまったとしても、「向こうが裏切ったわけだからしょうがないな」と思って、自分は微動だにしないことです。考え方の中心は他人（相手）ではないからです。常に「自分」が中心なので、自分が味方だと思う人とやっていた結果ならば、あきらめもつきます。

仮に、裏切られたとして、それに対抗するような言動をとってしまうと、自分自身も同じようなところまで落ちてしまいます。このあたりは「悪口を言わない」というところと共通します。悪口は言われてもいいんです、言わなければいいだけの話ですから。人格的レベルを落とすようなことは、わざわざしなくていいのです。

私は、ビジネス上は、「味方」と「無縁な人」という分類にしています。味方と敵ではありません。あくまでも、味方とそれ以外（無縁）です。縁があるかどうか、それだけです。敵という言葉にはネガティブなものを感じてしまうので、私は使わないようにしています。

ところで、味方を増やすにはどうすればいいのでしょうか。実はそんなに難しいことではありません。人と会っている相対の世界では自己主張を極力しないようにすること。ただそれだけで構いません。自己主張しないとは、例えば、自慢話をしないとか、「自分、自分」と前へ出過ぎないとか、そういうことです。自分が絶対に正しいと思って（＝勘違いして）人の意見に耳を貸さない人になってしまうと、人はついていきにくくなります。

味方とは、上下の関係ではありません。上司と部下のようなものではなく、あくまでも、イコールパートナーです。ですから、相手のことも尊重してあげられるような関係を築くのがいいと思います。その第一歩が「相手の話を聞く」ということです。

もうひとつ、味方であって、友達ではないですから、仲良くなりすぎるのは禁物です。自己中心的に考えるならば、自分にとって意味がある人＝味方なわけです。「目的のために会っている人（使える人）」という意味が絶対にあるわけです。

人は、自分の行動に対して意味づけると納得しやすくなります。要するに、積極的に動きやすくなるわけです。

私の場合、動く意味とは、「動いた結果として稼ぐこと」になりますから、稼ぎにつながらないようなことはしません。極端にいいますと、ビジネスの世界では1分も無駄話をしません。仕事のために会っている人だからです。友達として一生付き合おうと思って会っているわけではないからです。ビジネスに徹底するとはそういうことだと私は考えています。無駄は、私にとって面白くないこと、意味がないことなのです。

ここを履き違えて、ビジネスで付き合う人たちと友達のようになってしまうと、しなくてもいい無駄話も多くなります。その分だけ、自分の大切な時間が取られてしまいます。よくよく考えれば、相手の時間も無駄にしてしまいます。お互いにとって良くないことは明白ですから、味方＝友達ではないというところは押さえておかないといけないと思っています。

もちろん、ビジネスと関係ない、本当の友人と過ごす場合には、この限りではありません。私のコスト（コンサルティングフィー）を時間給にしてあるのも、このためです。

成功している人を観察していると、「（その人には）味方になってくれる人が多い」ということがよくわかります。実際、味方になってくれる人たちと仕事をするほうがはるかに楽しいですし、やりがいがあります。そのような仲間内で仕事ができれば、少なくともストレスはほとんど感じなくて済みます。

第1部　50歳からの個人起業で押さえておくべきこと

第5章

50歳からの個人起業で身につけておきたい考え方

1 365日、営業日だと思え

サラリーマンの感性から言うと、土日祝日に休むのは当たり前かもしれませんが、もし個人で起業したいと思うなら、基本的に「毎日が営業日」のつもりでいないといけません。もちろん、毎日欠かさず、絶対に営業しなさいとか、体を休めるなとまでは言いません。でも、同時に、土日はきっかり休むような感覚で、最初から営業しなくてもいい日を作りなさいとも言い難いです。

なぜなら、営業がない日＝収入のない日になるからです。組織に属していたときは、自分が休んでもほかの人がサポートしてくれるので一定の給料は保証されていたはずです。でも、個人で起業すると、「働かなければお金が入ってこない」ということを実感させられることになります。

この感覚は、起業してから養おうと思っても難しいですし、時間がかかります。ですから、できれば早い段階で、例えば、週末起業をするなどして慣れておく必要があると思います。とにかく、「（私には）

休日がない」と思いこむところからスタートします。そもそも、「休日くらいは休みたい」と思うような気持ちがあるならば、起業はお勧めしません。

毎日を営業日にするには、意識的にスケジュールを埋めていくのが一番です。私は、だいたい10日間単位でスケジュールを決めます。10日あると、土日が1回のときもあれば、2回のときもありますし、祝日が入る場合もあります。基本、どの日にも、仕事を入れるように考えます。

スケジュールについては、埋まりにくいところから埋めていくといいでしょう。私はどうしているかというと、コンサルタント（相手はほとんど社長）という仕事の関係上、土日から優先的に仕事を入れます。それは、365日営業（年中無休）のスーパーさんなどを相手にしているメーカーが多いからでもあります。

スケジュールを埋めるというのは、実は、収入を増やすという行為であると思うと、楽しくなります。15年くらい前の話ですが、楽天の初期のころ、三木谷浩史社長と話したとき、「何しろ売上ゼロの日は絶対になくせと皆様に話しています」ということを聞いた覚えがあります。

毎日、必ず売上を叩き出すことが大事なのです。なぜなら、売上が立つから生きている意味があるわけで、起業家にとって、売上のない日は死んでいる日と同じなのです。私は、こうして生きる意味を探すために行動しています。

2 自分の行動を数値化する

ここまでの話の中で気づかれている人もいるかもしれませんが、私は「数字」を出して物事を考えるようにしています。ここまでお話ししたことも含めて、代表的なものを紹介すると、以下のようなものがあります。

◎新聞は3回読みなおす&必ず仕事に役立つ記事を2カ所以上見つける
◎51%理論
◎毎月、100人の人と名刺交換する
◎お金（出費）は10円単位で考える
◎3人以上とは飲まない&2時間以上は飲まない

◎商談は45分で決める
◎3%理論
◎120%理論

なぜ、数値化して物事を考えるかというと、数を出したほうが目標にしやすいことと、目標を達成できたかどうか計測しやすいことにあります。例えば、「新聞を読みなおす」と「新聞を3回読みなおす」では、目標意識が違います。何より、後者のほうが何をすべきかが明確です。しかも、3回読みなおせたかどうか、きちんと自分自身で把握することもできます。

起業家は、結果を出さなければ食べていけません。結果が出ているかどうか、少なくとも、結果を出すために動いているかどうかは、数値化しないとわからないのではないかというのが私の考えです。

さて、先に挙げたもののうち、まだ本書で紹介していないものを簡単にお話ししておきます。これは、私がやっていることであって、読者の方全員に当てはまらないかもしれませんが、何かの参考にしてみてください。

（1）3人以上とは飲まない＆2時間以上は飲まない

私も、朝から晩まで始終、ずっと仕事をしているわけではなく、一日の仕事が終われば、やはりお酒を飲んだりして息抜きはします。お酒自体は好きなほうですから、それなりに飲みますが、ここにもルールがあって、2時間以上は飲まないようにしています。どんなに楽しくても2時間きっかりで終わりにします。人から見たら「何だよ。付き合い悪いな」と思われるでしょうが、ここでも自己中心主義を貫き通しています。昔から嫌がられますけど、私のことを知っている人間はみんな、（私が）2時間以上は飲まないことをわかっています。そういうことをまわりに浸透させるくらいの自己管理は必要だと思っています。

お酒を飲むこと自体が無駄だとは思いませんが、2時間以上、そこに時間を割くのはもったいない気がするのです。それならば、お酒を飲んでも早々に家に帰って、読書の時間に充てたほうが有意義だと思っています。

そもそも、2時間以上も飲んで、ベロベロに酔っ払ってしまったとしたら、翌日の仕事に差しつかえます。息抜きを通り越してしまうような飲み方は本末転倒でしかなく、私にとって、ほろ酔いでいられる時間が2時間なのです。

また、飲むときも3人以上では飲まないようにしています（パーティーや宴会は別です）。大勢で飲んでしまうと、自分の声が通らなくなってしまうので嫌なのです。人の話を聞くこともちろん大事ですが、こういうときくらいは自分も意見を言いたいですから。このあたりも自己中心的な考え方だと思います。

（2）商談は45分で決める

私は、コンサル時はもちろんのこと、ビジネス上では世間話をしません。ですから、商談（ミーティングも含む）も早いです。目安として45分で完結させることにしています。

人と会って、打ち合わせをしたら、だいたい45分もあれば終わります。長くても1時間程度。それ以上は無駄な時間です。要点をまとめて話せば、そんなに多くの時間は必要ないはずなのです。

今までの経験から言うと、45分で話がまとまる人とは、その後も長続きします。向こうも同じペースだからです。それを変に延ばす人とか、ちょっとお茶を飲みにいきましょうと言う人とは、私は付き合わない主義です。

実際、打ち合わせのあとに食事に誘われたら、私は丁寧にお断りします。一切、アフターはしません。特に、食事時間と重なると「何か食べに行きませんか」と100%誘われますが、丁重にお礼を言って断ります。こういうところを徹底しているからシャープに動けるのだと感じています。

仮に食事についていったら、ごちそうしてもらう手前、残したら申し訳ないですし、無理にでも全部食べなくてはいけないとなると自分で体調管理もできないですから、私にとって良いことはないのです。時間は一日に24時間しかありませんから、100%自分のことに使いたいのです。2次会なんてもってのほかです。このことで「付き合いが悪いな」と思われて切られても、そういう人は自分には合わなかったのだから仕方ないと判断します。

（3）3%理論

例えば、セミナーなどを開いたとして、100人の人が集まったとします。そのうち、私と仕事上の付き合いになる人は「3%」だと考えています。これは、今までの経験からはじき出した数字です。

ですから、私は、100人のセミナー受講者がいたならば、一番前の席に座る人（真剣にセミナーを受けに来ている人たち）の中の3人に向かって、長いお付き合いができるようにセミナーを進め、彼らの目を見ながらクロージングします。

また、私のビジネスをサポートしてほしいと思うような優秀な人との巡り合いも、100人に出会えばそのうち3人くらいの確率だと思っています。

74ページで、「毎月100人の人と名刺交換する」というお話をしました。そういうことを徹底しているのも、毎月3人ずつ、長きにわたってお付き合いできる人を探すためでもあるといえます。良い質を求めるために、まず量をこなすことから私は始めます。「量をこなした結果、最終的に残る3%が私にとって役に立つ」という考え方が、この3%理論です。

(4) 120%理論

ビジネスに関するさまざまなテーマがある中で、その中から達成したい3つだけを優先的に抽出し、そこの完成度を120%にまで引き上げようというようなことはよくやります。

実際には、問題点を20項目挙げて、それを10項目に絞り込み、そこからさらに3~5項目に絞り込みます。ここで残ったものが一番やりたいこと（やらなければいけないこと）だと思います。

なぜ、完成度を120%にするのかというと、人は目標を低くクリアしてしまいがちだからです。例えば、年間の売上を1億円にしようと計画していたとします。このとき、目標設定を1億2000万円にしていると、1億円の目標が達成しやすいですが、単純に1億円に設定していると、実際は8000万円程度までしか到達できないということはよくあります。ですから、必ず達成したいことがあるならば、達成したい数値の120%（2割増）を目標にするようにしています。

私にとって、原稿執筆段階（2014年9月）で一番テーマになっていることは、会社のことで言えば、5つある事業部のうち、ひとつだけ赤字になっている事業を黒字化することです。要するに、マイナス部分を減らそうというものです。悪いところを是正することに全力で、かつ優先的に取り組んで、会社全体の利益を上げていこうということになります。

普段から、自分の行動に責任を持つことも大事だと思います。例えば、書籍を買って、最後まで読破したことがどのくらいの頻度でありますか？　興味を持って買ったはずの本なのに、ほんの数ページ読んだだけで、いわゆる「ツンドク」になっているようなことはありませんか？

顧問先企業の若い社員に、「あなたがこれをやっておけば良かったと思うことを挙げてください」と聞いてみると、「本は買ったけど最後まで読まなかった」という意見がよく出てきます。本を読むという普通のことですら、最後までできない人が多いということです。ということは、〝普通〟に最後まで本を読めてしまえば、その他大勢とは違うステージに行けるということにもなります。

もうおわかりのように、120％にするのは、そんなに難しいことではないのです。今までのパフォーマンスと比較したとき、普通のことを最後までやり遂げるだけで、実はパフォーマンス的に120％近くまでは到達できることのほうが多いと思っています。あきらめずに継続するという視点が、「120％」には欠かせないのです。

私は、自分にできることしかしない主義ですが、そのままだとずっと平行線なのも事実です。いずれは退化してしまいますから、自身を向上させないといけません。その意味でも120％論は役立っています。

例えば、3年で新しいものに挑戦しようという計画を決めています。計画当初は「達成することが難しいかな」と思っていても、最終的にそれが実現できるのです。なぜなのか。冷静に自己分析すると、常に「120％」で成長しようという目標を立て、確実にやり遂げているからだと思います。

きれいごとに聞こえるかもしれませんが、こういうところをストイックに、そして徹底的にやっていくことができないと、どこかでうまく立ち回ることができなくなると思っています。結果、それが自己嫌悪につながり、できないことが多くなり、「起業なんてしなければよかった」ということにもなりかねません。

120％ですから、今よりも20％成長できればいいわけです。これが「150％や200％を目指しなさい」ということになれば、話は別だと思いますが、20％なら普通のことを全力でやったり、目標と決めたことをあきらめずにやり遂げるだけで到達できてしまいます。

もちろん、この話は精神論にすぎなく、実際の方法論については、業種によっても変わってきますので、自身でいろいろ調べなければいけません。だからこそ、第3章で紹介したように情報の収集は常に必要ですし、セミナーを受けに行ったり、気になる人には会いに行って教えを乞《こ》うくらいの行動力が求められるのです。

3 成功体験（＝充足感）を捨てる

ビジネスの世界では、成功を収めたときに生まれる充足感はすぐに捨てるものだと考えています。成功と言われた直後に、その感情を捨てることが、その後の事業でも成功する条件のひとつになるからです。成功体験（＝充足感）をいつまでも引きずっていると、必ず陳腐化します。「成功体験（＝充足感）を捨てる」ということは、私がコンサルの現場で経営者に一番言うことでもあります。

例えば、誰もが知っているような大手企業でも、あるいは中小企業でも同じように、次へ次へと進化していかなければ、企業の発展はないわけです。新規事業を考えたり、売り先を変えてみたりなど、次々と自分自身の興味を広げていかないといけません。

こういう次のステップに行くときに成功体験（＝充足感）が邪魔になるのです。「あのときは良かった」など、人間には、過去を振り返ってしまう性質があります。でも、過去を見ていては、未来へは進めないのです。

では、振り返らないためにはどうすればいいのでしょうか。私は、何かがうまくいったときや、目標としていた数字を達成したときには小さなご褒美《ほうび》を自分に上げています。小さなご褒美とは本当に他愛もないものであって、例えば、その日の夜は酒を普段の1杯から2杯に増やしてもいいとか、その程度です。そのご褒美を受け取ったら、もう過去のことだと思うようにします。こうしないと「あのときは良かった」という気持ちをいつまでも引きずってしまいがちになるからです。

目標を達成することはものすごく重要なことです。でも、その後の充足感を忘れることも重要なことだと覚えておいてください。このことが継続的にできれば、その他大勢ではない「絶対の世界（ブルーオーシャン）」に入れます。普通の人たちは過去の成功（＝自慢）にしがみつきます。それが、自身のバランスを保ってくれることもあるからです。

でも、実際はどうかというと、ほとんどの人が語る成功体験（＝充足感）は、実は忘れたほうがよい種類のものなのです。特に心理的なもの、例えば「私は頑張ったよな」とか、「もうこれで十分だ」というようなものは、余計な感情にしかなりません。そういうものを後生大事にしていると、おごりなどにつながります。

斎藤一人氏（銀座まるかんチェーン創業者）はご褒美のことを「自分へのギネス」と言っています。Aさんという人に「あなたの世界記録よ」と言ってご褒美を渡すそうです。そして次の月には「それ（世界記録）を越えなさい」と呼びかけるそうです。

この斎藤氏の例は、あくまでも絶対（＝個）の世界の話であって、常に伸び続けるためには大事なことだと思います。しかし、これを相対（＝比較）の世界の話にしてしまうと弊害のほうが多くなると思います。満足につながるからです。より高い目標を達成しようと思うなら、この感情は邪魔になります。だからこそ、成功したときの喜びはその日だけのものにして、次の日になったら捨ててしまうことが求められるのです。

4 お金をシビアに考える

あなたが起業したいと思うのはなぜでしょうか？　率直に言って、お金を稼ぎたいからではないかと、私は思います。

お金の話を露骨にすると、何となく怪訝《けげん》な表情で見られることはよくあります。でも、そのお金のおかげで生活できているのも事実です。ならば、もっとお金について真剣に考えたほうがいいと、私は思うのです。

私が仕事をする目的は稼ぎたいからです。つまり、稼ぐために行動するのであって、稼ぎにならないような行動はいっさいしませんし、したくありません。それこそ無駄だと思います。

私は、1日に、必ずお金を生む作業（マネタイズ）をします。例えば、交通費だけでも構わないので、必ず請求書を発行するようにしています。1日動いた時間の中でお金をまったく生まないということは自分の否定になるからです。ですから、何かしら動きます。例えば、今日の午後に1時間コンサルをすると今日の価値が生まれます。1日生きた価値をお金に切り換えることができます。これを徹底しています。

お金を生むことと同時に、お金を減らさないことも考えています。例えば、自分の身の回りのことでお金を使うときは、先に少し触れたように、10円単位まで考えて使うことをルールにしています。無駄金を使わないようにしています。

でも、意外と皆さんそういうことをしていません。私の場合は、家庭の食事も質素です。健康管理と関連しますので、例えば肉ばっかり食べるようなことはまずしません。本当に普通の食事です。ほかの身の回りのものも、豪華なものなど買いませんし、そもそも欲しいとも思いません。

必要以上にお金を使うと無駄になるばかりか、私の嫌いな「おごり」につながることでもありますので、お金の使い方には特に気をつけています。

第1部　50歳からの個人起業で押さえておくべきこと

第6章

「お願いします」と言わせるための方法論

1 自分の価値に対して「お願いします」と言わせる

私は、プッシュ型の営業ではなく、プル型の営業を勧めています。なぜかというと、自分の価値を上げるには、プル型のほうが適しているからです。

プッシュ型の場合は、どうしても売り込むことになります。売り込まれたほうには、仮に納得して話に乗ったとしても、心のどこかに「買わされてしまった」という感情が残りやすくなります。「買わされた」という気持ちが残っていると、下手をすると、1回きりのお付き合いになることもあり得ます。

さらに、売り込むために、自分の価値を少し下げてでもお客様を口説こうという行為に出てしまうことも多くなります。もし、価格競争に陥るようなことになれば、前途は多難です。どこかで無理をしてしまうような関係は、絶対に長続きしません。

自分の価値を上げ、その価値に対してお客様が納得してお金を払う。これが理想です。だから、プル型営業のほうが好ましいと、私は考えています。

この本の執筆中に、海外商談会（東アジア商談会ツアー）で香港に滞在していました。そのときも、そこで知り合った人に、「こういう仕事をしているのですが……」と話すと、「それなら、アマゾンで本を買います」という展開になりました。そこでお会いした人も新規事業で通信販売を考えている人でしたから、私のことを調べて、興味があれば、連絡してくると思います。お客様のほうから自主的に歩み寄ってくるのであれば、「買わされた」という感情は残りませんし、私自身も自分の価値を落とすことなく交渉ごとに入れます。こういう関係が長続きするのです。

ですから、私は、自分から「今度、いつかお会いしましょう」というようなことは決して言いません。お客様のほうでいろいろ調べたうえでアクションを起こすまでひたすら待ちます。

ただ、「待つ」ことには、相当の辛抱が必要です。私としても、仕事にはつなげたいわけです。でも、だからといって、こちらから電話の1本でもかけてしまえば、「あぁ、この人は売り込みたいんだな。大したやつじゃないいな」と思われてしまうわけです。ここをいかに我慢できるかだと思います。

相手に興味を持ってもらうには、ひとつ、テクニックがあります。それは何かというと、自分のことをあまり言わないようにするのです。必要最低限のことだけを話して、あとは寡黙に徹します。

このように言うと、アピール不足になるのではないかと思うかもしれませんが、その結果、仕事にならなかったとしても、それはそれで仕方がないと思うしかありません。「あのとき、もう少し強くプッシュしておけばよかったかな」ということは一切考えずに、相手が来るまで動かないというルールにしておくのです。ここで、ルールを緩くしてしまうと、もうプル型営業はできなくなります。

ここでお話ししたことは、私が実際にやっていることです。「今の白川さんだからできるんですよ」と思われるかもしれませんが、そのくらい徹底しておかないと、自分を高く売ることはできません。

そもそも、世界中の人と付き合うことはできないわけです。私のことを必要としてくれる人の役に立てばいいのです。例えば、私はピークのときは40社の顧問をしていましたが、今は健康のことも考えて、20社限定にしています。そのくらいの数でも、年収5000万円くらいは稼げるのです。ですから、必要以上に媚《こ》びへつらってプッシュしなくてもいいのです。私の個人的な感想を言えば、節操なく営業している人は軽薄に見えることもあります。

ただ、プル型営業では自分のことをあまり語らず、ミステリアスなままにしておく必要があるので、ツールがあると便利です。私が思う一番効果的なツールは書籍です。書籍があれば、それを名刺替わりに渡しておけば、自分のことは語らずとも、アピールすることができます。書籍については、109ページで詳しくお話しします。

2 価値を上げるのがブランディング

ブランディングとは、大げさなものではなく、要は**自分をどう高く売るか**ということだと考えておくといいでしょう。

例えば、私の場合、「自分を高く売る」ということを考えたとき、名のあるコンサルタントがたくさんいるなかで、ひとりでどうやって勝つのか、自分の得意技がどこかということを徹底的に深掘りしました。そのときの私ならではの強みはチームだったのです。通販システムのことに関してはAチーム、テレマーケティングのことはBチーム、ネット通販ではCチーム、販促系ではDチームという具合に、チームで効果的に機能するネットワークがあったことで、私の特徴が浮き彫りになったわけです。

物を売るときは、相手からの見られ方を意識しないといけません。見られる自分の磨き方とでもいうのでしょうか。そのために、毎日ブログを書いたり、フェイスブックを更新したりするわけです。売る営業ではなく、見られる営業を追求するのが、私の考えるブランディングなのです。

見せてあげるのは、自分の得意技です。**自分には何ができるのか、自分はどんな価値を提供できるのか、自分は何屋さんなのか、自分の強みが誰にとって役に立つのか**などを、わかりやすく見せてあげてください。

こういうことがしっかり為《な》されていれば、あとは自然に機が熟して、ポトンと落ちるまで待つだけでいいのです。

緊張感も自分の価値を上げてくれます。例えば、私は顧問先に行くときはいつも「今日が最後かもしれない」と思って玄関を入ります。私の場合は、契約上、「次はいいよ」と言われれば、それでおしまいなのです。「今度もお願いします」と言っていただける保証は何ひとつありません。それだけに、いつも張り詰めた緊張状態で仕事に向かっています（※契約書上は、6カ月単位契約になっています）。

ただ、逆に言えば、いつも「最後かも」と思っているからこそ、長続きしているのだと思います。緊張感を持って仕事に臨んでいる態度が、私の価値を上げてくれるのだろうと感じています。

3 ブランディング名刺

名刺とは、人と会うときに、最初に渡すツールです。この名刺も自分をPRするには適したものです。作り方次第でブランディングにつながります。

1枚のペラの名刺では情報を盛り込めませんので、見開きの体裁にします。

名刺には、これから売り込みたい情報を入れてください。過去のキャリアではなく、エッジ化された部分を記載します。要するに、「何を考えているか」ではなく、「私には何ができるか」「どういう価値を提供できるのか」を書いてください。ここでも、自分が何屋さんなのかを明確にしておくわけです。「私にできる3つのこと」などのように、できることをわかりやすく箇条書きにするのもひとつの方法だと思います。

さらに、顔写真は必ず入れてください。自分の顔を覚えておいてほしいからです。私もよく名刺をい

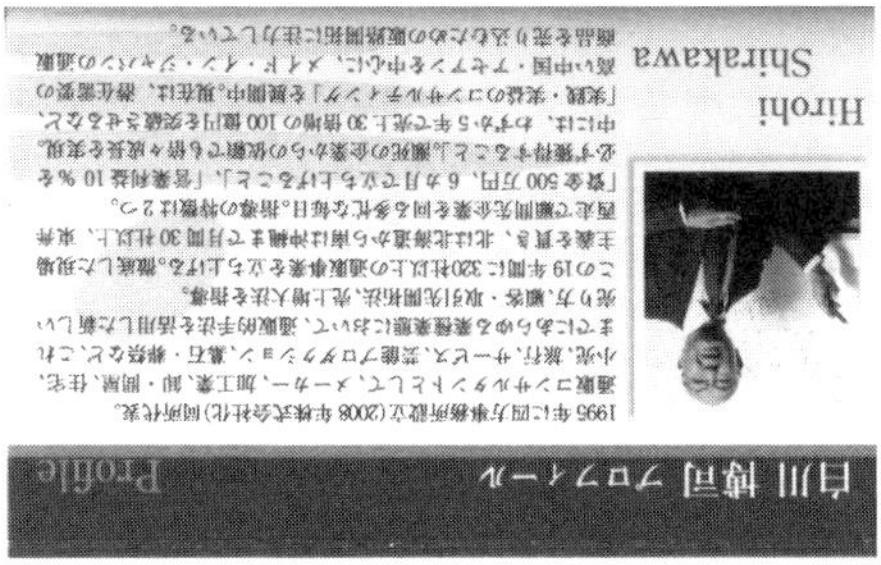

◆表4
プロフィール

◆表1
基本情報

◆中面
提供可能な業務
を紹介

ただきますが、顔写真が入っていると、あとで思い出しやすいです。

今、私がどういう名刺を使っているかというと、前ページの通りです。基本情報（電話番号や住所、メールアドレスなど）を表1（表面）に持っていき、表4にはプロフィールを載せています。見開きの中は、私が提供できること（通販実戦会）と書籍を載せています。

最近では、このようなブランディング名刺を制作しているところも多くなってきています。「ブランディング名刺」で検索するとたくさん出てきます。そういうところにお願いすれば、魅力のある名刺ができると思います。私の場合は、（株）C・R・M（名古屋）に依頼しています。

今では、名刺も立派な営業ツールです。このことを意識しているかどうかで、その後の覚えられ方が違ってくると私は考えています。

4 書籍を出すことが最大のブランディング戦略

ここまで、ブランディング（＝自分の価値を上げること）についてお話ししてきました。実際、ブランディングの構築にあたっては、何をするのが効果的なのでしょうか。

答えを先に言ってしまうと、書籍を出してほしいと思います。本を書くというと、すぐ「私になんて本は書けませんよ」という人が出てきます。でも、本当にそうでしょうか。人間、４０年、５０年と真剣に生きてきたら、本のネタになりそうな話がひとつくらいはあるものです。そのあたりも楽天的に考えていたほうがいいです。

なぜ、本を書いてほしいのかというと、著書を１冊でも持っていると、前述したプル型営業に持って行きやすいからです。本を出すと「先生」扱いされることが確率的に多くなります。そこまで行かなかったとしても、人の見る目が違ってきます。自分のほうから歩み寄らなくても、まわりが近づいてきてくれます。名刺がわりに本を配ってもいいでしょう。良い宣伝になります。

そもそも、本のネタになるくらいの事業なり、自分にならないと、起業してもその他大勢になる恐れがあります。出版できるくらいの社会的意義と特徴ある能力は必要でしょう。それこそ、最終的に、「起業する＝著書を出す」というルールにしておいてもいいと思います。本を出すことで、それが良い宣伝になれば、私のように年収1億円稼げる可能性も出てくるわけですから、出版には十二分の価値はあります。

本を書くことを前提に、55ページでお話ししたように「発信すること＝書くこと」には慣れておいてください。ブログでも、フェイスブックでも、何でもよいので、文字を書くという習慣をつけておくと、本を書くことが自分にとって近くなってきます。

本書は、出版するためのノウハウを教えるものではありませんし、私の場合には運良く、出版関係の知り合いがいたこともあって本を出せたという経緯がありますので、「どうやったら本が出せるのか」については言及しませんが、王道から言えば、出版コンサルタントの力を借りるのが一番早いと思います。実務的なことから、企画書の書き方、場合によっては出版社につないでくれることもあります。今は、ビジネス出版セミナーが頻繁に開催されていますので、積極的に参加することをお勧めします。

出版するなら、ぜひ商業出版にしてください。自費出版については、そのすべてがダメとは言いませんが、乱暴な言い方をすると、お金さえ出せば出版できてしまいますので、著書に対する信頼度がどうしても違ってきてしまいます。最近、芽を出し始めてきた電子出版も、そういう意味で言うと、まだ社会の信頼度は得られていないと思います。

著書を出すと、それらはすべて国会図書館に納本されます。要するに、自分の歴史をひとつ、残したことになります。生きた証が、国の機関に、死んでも残るわけです。こういうことを考えながら作業を続け、実現できたら、本当に人生が楽しくなります。

第2部 「個」の力を活かして、生涯現役であれ！

第7章

生涯現役であるために、今から準備しておくこと

1 出口が見えないときに一歩踏み出すのは勇気がいる

個人で起業するとき、必ずつきまとうものが「不安」です。私の場合には、先にもお話ししたように、「5ない（金ない・人脈ない・キャリアない・師匠ない・仕事ない）」がきれいに揃っていました。しかも、50歳でしたので「時間」もありませんでした。状況として、何もなかったので、もう楽天的に物事を考えるしかなかったわけです。ただ、今思えば、それがかえってよかったのかもしれないとは思っています。

だからといって、「私の真似をしなさい」とは言いません。いろいろな歯車がうまく噛《か》み合って、結果、幸運なことにスムーズに起業できたという面があることは否めないからです。下手をすると、今の生活はなかったということも十分考えられます。

「不安になるな」と言っても、私くらい楽天的な人でなければきっと難しいと思います。だからこそ、起業するまでに準備期間を設けてほしいと思っています。

起業したいからといって、今すぐに会社勤めを辞めてしまう人を見かけます。今すぐ辞めても、最低限、食べていけるだけの計画があるならまだいいですが、何も決まっていないのに今の生活を飛び出してしまうのは危険だと思うのです。

私の経験から言うと、最低でも、**3年くらいの準備期間は必要**だと思います。最初の1年目で自分自身の分析（自分の強みと弱みの理解、業界分析など）をする。次の1年で具体的な行動（情報収集や情報発信、人脈形成など）に移る。最後の1年で準備の総仕上げ（必要な営業ツールを作る、週末だけ起業してみるなど）をするようなイメージでいるとやりやすいのではないかと思います。

3年というのは、最低限必要な年数ですので、5年計画、10年計画でも構いません。生涯現役を目指して起業したいのであれば、腰を据えて、自分の将来を考える必要があると強く言えます。

ただし、不安だからといって、すべてが整うまで待っていては時間だけが過ぎてしまいますから、「何年で起業する」と決めたら、その目標に向かって歩き始めてください。歩きながら修正すればいいのです。そして、もし不安になったのなら、何があなたを不安にさせているのか、真剣に向き合ってみてください。原因さえわかれば、その対処は難しくないと思います。

2 今から始めておくこと

この本の読者は「サラリーマン生活を辞めて、今後、ひとりで起業したい」「定年後、もう一花咲かせたい」と考えている人たちだと思います。

私は通販コンサルタントであって、起業ノウハウを専門的に教えているわけではないのですが、実は、通販事業の立ち上げプロセス［経営者を見る↓商品力の市場性↓どこに売るのか（↓実行↓仮説検証）］と個人事業の立ち上げプロセス（自己分析↓他者分析↓誰に売るのかなど）はよく似ていると考えています。

私が実際にやってきたこと、もしくは起業時を振り返ってやっておいたほうがよかったと感じたことだけしかお話しできませんが、その視点で、本格的な起業前に準備しておくこと（始めておくこと）を紹介します。

（1）自己分析

私のところにも、起業したいという人が相談に来ます。その人たちに「自分の強みを5つ、すぐに挙げてみてください」と質問すると、たいていの場合、「何だろう」と考えてしまって、即答できないのです。自分自身の強みもわかっていないのに起業するなど、もってのほかです。自分は何ができるのか、しっかり考えてみてください。簡潔に、わかりやすく、5つ言い切ることが大事です。

まずは、今までの実績（キャリア）を見直すことから始めます。その中で、「自分には何ができるのか」を分析してください。

具体的には、自分が無理なくできそうなことを20項目くらい、箇条書きで挙げるといいと思います。その次に、その20項目を半分の10項目にします。さらに、最終的に5項目に絞り込みます。残った5項目があなたのコアな強みになっていると思いますので、そこで勝負できるかどうかを考えます。

なぜ、強みを考えるのかといえば、個人で起業する場合、売ろうと思っている商品やサービスはもちろん、**自分自身も売り物になる**からです。起業しようと考えている以上、何らかの強みは感じているはずです。普通は、そのあなたの強みを買おうと思って、お客さんが集まってくるのです。

自身で自分の強みを理解できていないようでは、まだスタートラインにも立っていない状態だと言わざるを得ません。だからこそ、先に、自分のことを厳しく分析する時間が必要なのです。

強みと同時に、自分が絶対にやりたくないことも列挙しておいてください。その理由は明確で、やりたくないことは仕事になりにくいからです。仮に、やりたくないことが仕事に入っていると、相当のストレスになります。最悪の場合、仕事をするのが嫌になることも考えられます。

(2) 他者分析(業界分析)&誰に売るのか

強みがわかったら、その強みが世間一般に通用するかどうかを考えます。同業他社は必ず存在しますから、その中で、どう立ち回れるか(=優位性があるか)を冷静に考えます。

ひとつは、自分の強み(あるいはキャリア)が通用しそうな業界(部位)がブルーオーシャンかどうかを調べてみてください。もし、それがレッドオーシャンなら、いくら強みがあっても、苦戦を強いられる可能性が高くなります。商品やサービスが良くても、同業他社との競争に勝てなければ、どこかで歯車が狂ってきてしまうからです。同業他社との競争には、相当強い精神力が求められると考えておいたほうがいいでしょう。

ブルーオーシャンというと、隙間を狙うようなイメージがあります。それはその通りなのですが、突き詰めていくと「新しい価値を提供する」ことにもつながります。ということは、新しいマーケットを作ることを視野に入れてもいいのです。「自分の強みが〝ある業界〟にだけしか通用しない」というものなら難しいかもしれませんが、汎用《はんよう》が利くのであれば、「今の〇〇業界にはない新しい何か」を念頭に置いて考えるといいでしょう。

どの業界に伸びしろがあるのかについては、調べればわかります。特に今の時代には、インターネットがありますから、情報を引き出すことは容易です。私が独立したころに比べれば、相当量の情報が簡単に手に入ると思います。

業界分析について書いてある書籍も多数あります。「〇〇業界の将来展望（未来予測）」のようなものがあれば、一読しておいてください。このとき、数年後にその予想が当たるかどうかは問題ではありません。ここで大事なのは、今の業界事情を知っておくことなのです。

例えば、原稿執筆の今、インターネットで「ブルーオーシャン」と検索すると、ブルーオーシャンとは何かとか、ブルーオーシャンについての書籍の情報とか、いろいろ出てきます。そういう情報を片っ端から収集して、総合的に整理してみてください。

自分の強みに優位性があるかどうかについては、人に聞いてみるのもひとつの手です。アドバイスしてもらったことをまとめて、「現時点で脈がありそうか」「脈がないとしたら、どうするか」などを考えてみてください。

さらに、自身の強みが誰に対して効果的かも考えておく必要があります。「何を売ろうか」を考えている人は多いですが、「誰に売ろうか」までを真剣に考えている人は少ないです。**自分自身の強みが誰にとってより強く必要とされているのかは、とても大事なことです。**ここを間違えると、売り物が良くても、事業がスムーズに運ばないと思います。

参考までに、私の場合はどうだったかについてもお話ししておきましょう。私の強みは「通販」という販売手法にありました。当時はまだブルーオーシャンでしたし、これから伸びていくであろうことも、調べた結果、十分にわかりました。

次に考えたのは、通販が「誰」に必要とされそうかです。その当時は、店頭販売が主でしたが、通信販売というスタイルも、少しずつではありますが、結果を出してきていました。その状況を見て、大手企業は別としても、遅かれ早かれ、中小企業（特にメーカー）も一度は通販を検討するだろうと考えたのです。ですから、私は、ターゲットを「中小企業のオーナー社長」に絞りました。結果的に、私にとっての売り物は「中小企業の、異業種からの通販参入に対するサポート」になったのです。この売り物を欲しい人が買いに来るという図式が出来上がったというわけです。

業界分析や優位性の有無、誰にとって必要かなどは、腹を据えて、自分の頭で考えるしか方法はないです。ひとりで起業していくと、自分で判断しなければいけないことがたくさん出てきます。今回の話は、その最初の事業だと思ってください。

（3）強みを維持する

自分の強みが理解できたら、そこが綻《ほころ》びないようにしておくことも必要です。具体的に言うと、学習が欠かせなくなります。理想としては、知らないことがないようにするのです。

私の場合は、起業した当時、「マーケティング」についての知識が乏しいという大問題がありました。そこで、その弱点を補うために、週に一度、約1時間、早稲田大学と中央大学のオープン講座に通いました（２０１５年は、立教大学に通う予定です）。ライオンと花王のビジネスモデルの差など、著名な先生がわかりやすく講義をしてくれたこともあり、このときに学んだことは、実学として今でも役に立っています。

自分に不足しているものを積極的に勉強するということは、起業後もずっと必要になります。私の顧問先の企業の経営者でも、週に一度のペースで大学に通っている人は多くいます。そういう経営者のいる組織（会社）はやっぱり違っていて、非常に良い業績になっています。例えば、営業というテーマになったときでも、自分で学んできたことを社員に教えるからブレがありません。そういうことがないと、

「社員の尻を叩けばいい」というような根性論だけになったりするのです。

もちろん、大学に行きなさいと言っているわけではありません。専門知識を得るためにセミナー等に参加してもいいでしょう。書籍を読むことでも構いません。ここで覚えてほしいことは、**「起業家は、向学心を死ぬまで持っていないといけない」**ということです。緊張感を持って、「不足していることはないか」と、常に自分自身に問いかけるくらいでないと駄目なのです。起業するというのは、そういうことなのです。

（4）人脈を広げておく

今、勤めている会社を辞めたら、今までの人脈からの広がりはなくなると考えておいたほうがいいでしょう。辞め方によっては、今までの人脈が使えないこともあります。

こういう事態も想定して、起業する前から、起業後に役立つような人脈を形成しておいたほうがいいと思います。ひとりで起業するとは言っても、完全に、すべてのことをひとりでこなすのは、現実的に不可能だからです。

多少なりともお金に余裕があるなら、自分が関連する業界の団体や協会に入ることをお勧めします。私の場合には、日本通信販売協会というものがありました。各地の商工会議所などもいいでしょう。

そういうところで人脈を作っておくと、孤独感から解放されます。ひとりで事業を始めたとはいっても仲間は欲しくなりますし、実際に必要です。私は、国外では、「タイ王国和僑会」に入っていますし、国内では7つの団体・協会に属しています。

仲間を作るという意味では、異業種交流会に参加するのもいいと思います。ただ、ここでは、あくまでもビジネスに役立つ人を探すわけですから、友達を探すような感覚ではいけません。

人脈として役立ちそうな優秀な人は10人のうちひとりくらいだと思います。私は、月に新しく100人に会うようにしていることはすでにお話ししましたが、その理由は、良い質に巡り合うためには、まず量が必要だったからです。

(5) 生活リズムを整えておく

毎日の行動規範を決めておくことも大切です。私は起床時間を決めています。毎朝、4時~5時に起きることにしています。これは、絶対のルールです。寝る時間は、その日によって違いますが、だいたい夜の11時ごろです。基本はその日のうちに寝ることにしています。

生活リズムは、起業家にとっては一番といってもいいほど大事です。いつものペースを崩さないことです。特に、50歳になってから起業しようと思うならば、健康管理も大事になってきます。若い人以上に、生活リズムの安定を図る必要があると思います。

生活リズムを整えることが、実は、事業を継続できるコツだと考えています。いろいろな誘惑があっても、4時〜5時に起きると決めていると、そのリズムにすぐに戻れるからです。だから、前日に飲みに行ったとしても二日酔いになることもありません。

起業当初のお金のないうちは、まだ生活リズムを崩すようなことはないと思いますが、起業がうまくいって、お金ができてくると、途端に生活が乱れるような人はよくいます。回復力のある若いうちならまだしも、年齢を重ねた人であれば、いったんリズムを崩して疲れたりしてしまったら、あとで回復しようと思っても思うようにいきません。

ですから、起業する前から、欲の叩き方、つまり生活リズムを崩さないようにすることをルール化してほしいと思います。「そんなきれいごとを……」と思う人がいるかもしれませんが、そういうことを基本にしておけば、大きく崩れることはありません。言い換えれば、自分のルールに対する厳しさを徹底すること、つまり、これは自己管理の話でもあります。これができない人は起業云々だけではなく、何をやっても駄目だと思います。

（6）自分の睡眠のリズムを知っておく

健康管理の話に続きますが、自分の睡眠の癖を知っておくことも、50歳からの起業には必要です。自分自身の深い睡眠の時間帯は調べてもらうとわかります。単にベッドに横になるのではなく、自分にとっての一番深い睡眠時間を見つけて、その時間は絶対に眠ることが、体を健康に保つコツです。私の場合は、深夜1時30分～2時30分の間は深く寝ていると言われています。この深い睡眠の時間帯にきちんと寝るのが、疲労回復に一番効果があります。

50歳からの起業の場合は、**健康でないとすべてが終わり**なので、自分自身のわかりやすい健康法のリズムを作ることが大事になります。そのなかでは、「ジムに行こう」などの運動管理ではなくて、「よく寝る」という睡眠管理のほうが、コストもかからず、効果があると思っています。

（7）起業したときの名前を考えておく

起業するということは、自己との格闘になります。例えば、人と話すことが苦手だとしても、現実的には人と話すことが必要になります（セミナー講師の話が舞い込むこともあります）。今までは嫌だと思って避けてきたことを進んで受け入れなければならない状況がたくさん生まれてきます。

私は若いときから引っ込み思案でした。でも、そのままでは、仕事の幅が広がらないわけです。いやでも自己変革をする必要性が出てきました。とはいっても、それまでの自分は簡単に捨てられません。性格を直すということは、それまでの自分を否定するようで痛みが伴うからです。

そこで、実際にやったことが、**名前を変えること**でした。４９歳までは親からいただいた「四方博」でしたが、５０歳からは通販コンサルタントとしての名前である「白川博司」になったのです。

名前を変えると、ゼロから性格（キャラクター）を作ることができます。これは大きいです。学生時代の仲間は、私のことを「四方くん」という名前のキャラクターで見ますし、５０歳以降に出会った人は「白川さん」という名前のキャラクターで見てくれます。私のことを「四方くん」で呼んでいる人は、私がセミナー講師をしている姿を見たら、きっとびっくりすると思います。

このように、今までの自分を変えようと思うなら、名前を変えるくらいのことをしたほうがやりやすいです。今までの性格を矯正《きょうせい》しようとするのではなく、新たな性格を作っていくほうが自身も受け入れやすいと思います。

もうひとつ、余裕があるなら、**話し方教室に通うのも効果的**です。正しい日本語の話し方を勉強するのはとても良いことです。自分の頭がすっきりしますし、何よりも、正しく、はっきり日本語を話せるようになると、言葉自体に重みが加わります。

言葉に重みがあると、それを話す人にも「らしさ」が出てきます。別の言い方をすると、その人の雰囲気が出てきます。

自分らしさが出てくれば、それが自信につながる可能性は高くなると思います。**ひとりで起業する場合は、起業した本人自体が「商品」でもある**のです。そのことを前提に考えれば、正しい話し方から生まれる雰囲気の重要性もわかると思います。例えば、正しいことをしどろもどろで話している人と、正しいことをしっかり話している人がいたとして、どちらのほうが印象良く映るでしょうか。当たり前ですが、後者のほうが第一印象は良いはずです。それは、すなわち、「しっかり話している人のほうが商品価値が高く見える」ということを意味しているのです。

（8）「個」という絶対の世界に慣れておく

50歳からの起業を考える場合、「時間」との戦いも出てきます。現実的に、若い人と比べれば、残されている時間は短いわけです。そこを履き違えて、夢を見てしまうと、時間の無駄使いをしてしまうおそれがあります。**50歳からの起業で大事なのは夢ではなく、現実**なのです。

現実を直視すれば、できるだけ、自分のことに時間を使いたいと思ってくるはずです。そのときに、家族のことを考えたりして、自分の時間をそちらに使ってしまうようでは、50歳からの起業家としては駄目です。「かみさんの実家からあんなこと言われた」とか、「あいつは付き合いが悪い」とか言われても、極力、自分の時間は自分のことだけに使うようにしていかないと、現実的に、うまく立ち回れないのです。

そもそも、時間を自分のために使うことで、お金を稼いで家族を養うわけですから、世間的にはいやな奴に見えても、実は良いことをしているのです。そのくらいの開き直りといいますか、心構えが必要だと思います。

もちろん、最低限の常識は私にもありますし、何が何でも自分のことを優先させなさいと言っているわけではありません。ただ、身勝手主義というか、自己中心主義というか、自分の時間は自分のために使うという意識が普通になってくると「覚悟」が決まってくるのです。それが自分の支えになるからこそ、今のうちから、自分の時間を大切にする癖をつけてほしいと思うのです。

（9）蓄え（起業資金）を作っておく

起業して、不安になるのは思い通りにいかないときです。要するに、収入が乏しいと、「これで食べていけるのか」と、途端に心配になってきます。私の場合は起業資金ゼロでしたから、当時を振り返れば、蓄えがあれば楽だったなとは思います。

起業してすぐにうまくいくのは、実はレアケースです。世の中、そんなに甘くはありません。50歳からの起業は現実を直視することです。現実を見れば、起業した後、少しの間は無収入でも持ちこたえられるように、事前に貯金しておくことの大切さもわかると思います。

さて、どのくらいの資金を用意しておけばいいのでしょうか。家族環境によっても異なりますが、最低でも、約500万円くらいは欲しいところです。生活費として、月に20万円かかるとして、2年くらいは持たせるイメージです。そのくらいの余力がないとネットワークもできず、有益な情報も取れません。逆に、このくらいの資金があれば、当面の不安は軽減されます。

50歳から起業することを考えて、40歳から準備するのであれば、毎月、4万円ずつ貯金していくといいでしょう。10年で480万円は貯まります。近頃では必ずしも当てにはできませんが、退職金も多少はあるでしょうから、スタートするときの資金としてはまずまずではないかと思います。このくらいの計画性は持っていたほうがいいと思います。

ただし、家賃やローンを払う環境にあると、少し厳しいかもしれません。その場合は、もう少し早い段階からお金を貯めていく計画にしたほうがいいでしょう。

3 副業のススメ

通販事業の立ち上げの場合には、本格的な始動の前に、テストマーケティング（テストセールス）を行うのが普通です。ここで、いろいろな反応を見て、本格的な事業に役立てます。

通販事業立ち上げのプロセスに似ている個人事業の立ち上げの場合も、同じように、独立する前にテストマーケティング的な考えを持って、準備期間を設けておくと、後々で役立つと思います。

(1) 週末くらいは起業の準備に充てる

いきなり起業しても、普通は前途多難でしょうから、例えば3年計画であれば、最後の1年は週末だけでも起業してみるなど、手応えが感じられる練習期間が欲しいところです。

今はワンマンオフィスとか、シェア型オフィスとかがありますから、そういうことはやりやすいと思います。起業するために役立つ副業は、この練習期間に徹底的にやっておいてください。当然、家族サービスはできなくなりますから、次第に覚悟も決まってきます。

練習期間は、まだ本業（例えばサラリーマン）に従事しているうちに始めるものですから、うまくいかなくても怖くはありません。この間に、失敗をしておくといいでしょう。

また、この練習期間に、場合によっては、軌道修正が必要なこともわかってくると思います。例えば、「何を」「誰に」が自分の想定と合っていたのかどうか、勝負するマーケットで値決めが妥当かどうかなど、です。

（2）買いやすい（売りやすい）自分を作ること

練習期間に特に意識してほしいのが「絞り込み」です。現実論からすると、「何でもできます」という甘い考えは捨てることです。例えば、印刷屋で、企画もできます、販促もできますなどと謳《うた》っているようなものを見ますけど、そういう形だと、買い手側から見て買いにくいのです。絞りに絞り込んで、何屋さんなのかを一発でわからせることが大事です。

私の場合は、「中小企業の、異業種からの通販参入に対するサポート」というのが売りです。これを「ダイレクトマーケティングの……」ということで言い出すと、競合他社がたくさんいるわけです。

起業するときには、自分のことをアピールしたいという理由で、セールスポイントをたくさん売り込みたいと考えてしまうかもしれませんが、ここは**絞り込んだものをアピールするべき**なのです。お客さんから見て買いやすいことが売れる理由になります。「売りやすい立場ばかりを言ってないで、消費者の立場に立って、買いやすいように仕向けることが大事なこと」を意識してください。ターゲットを明確にしているから買ってもらいやすいわけです。これは、マーケティングのイロハのようなものですから、あえて私が声を大にして言うまでもないのですが、気づいている人が少ないのか、それとも、気づいていてもできていないのか、売り込むことだけに必死な人が多いのも事実なのです。

もうひとつ、私のコストを時間給にしていることも、「私」を買いやすい理由のひとつだと思います。コンサルタントというと○年契約のイメージがありますが、私は、基本的に「1時間いくら（時間給）」でやっています。必要なときに呼べばいいだけですので、買う立場から見れば、買いやすいのです。

（3）自己媒体を用意する

週末起業という副業の形であろうと、起業していることに変わりはありません。ですから、「自分が何屋さんなのか」をPRする媒体が必要です。

営業的なものとして、今はホームページやブログ、SNSなどがあります。そういう媒体でアピールして売れるようになるかというと、話はそんなに簡単ではないのですが、電子媒体（自社ホームページ）を持つこと自体は絶対条件だと思います。

このときに重要なのは、何の媒体でＰＲするかではなく、どの媒体であっても**定期的に更新する**ということです。フェイスブックは毎日更新する、ブログは週２回更新するといった具合に、更新する頻度を決定して、必ずそれを守るようにしてください。

私のお勧めは春夏秋冬の定期刊行物の発行です。プレスリリースやレポートのようなものでも、自分自身のニュースレター的なものでも構いません。名刺交換した人に定期的に渡すのがミソです。

通販の場合でいうと、成功する絶対条件は毎月のＤＭ発送なのです。ＤＭが定期的に来ると、必要性を感じたときには「何か買おうかな」という購入動機が生まれます。

ですから、お金に余裕があるなら、形が残るという意味でも、紙の媒体が一番いいと思います。でも、現実的に、最初のうちは資金に余裕もないでしょうから、メールマガジンでもいいと思います。ただし、定期的に送ってください。このとき、連載物を入れると、読んでもらえる確率が高まります。

書く内容は、あなたの強み（業務）にまつわるものです。うんちくでもいいでしょうし、自分で収集した情報をわかりやすくまとめなおしたものでもいいでしょう。しつこいようですが、定期的に送ってください。定期的なものがあると、「この人は真面目にやっているな」と信用されます。

（4）人脈をさらに広げる

122ページでも少し紹介しましたが、この練習期間（副業期間）の間に、起業後に役立つような人脈を作っておく（もしくは、さらに広げておくと）と、のちのち、助かることが多くなります。

私の場合には、業務が多岐にわたるので、その業務ごとに仲間がいます。私がほかの通販コンサルタントと多少なりとも違う点は、こうした仲間がいることです。34ページでお話ししたように、私にできないことがあっても、仲間に外注すれば、ほとんどのことが解決できてしまいます。

また、仲間がいることで、単なるアドバイスで終わることなく、通販システム全体の立ち上げなど、実務的なところまでをフォローすることができます。そこが、私の強みなのです。

そして、クライアントは「私の背後にはこんな仲間がいるんだね」というところを見て、私を信用してくれます。

どんなことにも対応できるように、いろいろな業種の人がチームにいると、大抵のことには対応できます。だからこそ、練習期間のうちから、異業種交流会などに顔を出して、積極的に人脈を広げてほしいと思います。経験則から言うと、いろいろな人と絡んでいるほうが、お客様からも信用されやすいといえます。

（5）顧客中心主義を理解する

消費者に物を売る秘訣のひとつは、消費者にどれだけ近づくかです。小売業であれば、今は、お客様は動かない時代ですから、ネットスーパーや移動店舗など、動かないお客様にいかに近づいていくかが鍵なのです。お客様の事情を理解して、それに合わせるというわけです。例えば、８０歳で、若いときほど体の自由がきかない人に、スーパーに買い物に来てくださいというのは酷なのです。だとしたら、店のほうから出向いていくしかないのです。

情報産業もお客様に近づいてきました。電子書籍や動画が良い例です。例えば、期間限定の動画セミナー配信ができれば、「この日時に、この金額で、この場所に集まれ」というようなことはなくなります。お客様の自由な時間帯で動画を見ればいいわけです。このように、お客様に近づくことが、結局は売れることにつながっていきます。

お客様に近づくということを起業した人に当てはめて話すと、「定期的な刊行物」ということになります。価値ある情報を発信して、自らお客様に近づいていくような営業をしなくてはいけないわけです。

このお客様に近づくという発想は、顧客中心主義とも言えます。顧客第一主義ではありません。

顧客第一主義とは、お客様のことを考えているようで、実は企業側の都合を考えたものです。要するに、売り場主義です。お客様に買ってほしいものを、なかば強引に売るようなイメージです。

それに対して、顧客中心主義とは、常にお客様を中心に置いて考えることを意味します。主役はあくまでもお客様です。要するに、買い場主義です。お客様の都合に合わせて、お客様のためになるものを勧めて買っていただくイメージです。

売り方にはいろいろな手法がありますが、お客様のそばに近づきなさいということは、どの売り方にも共通する基本だと考えています。

（６）副業で確立したことが起業の土台になる

週末起業のような副業の形で確立したこと（＝やるべきと決めたこと）は、将来、あなたがやりたいことの土台になります。というのも、週末だけ、あるいは夜だけやっていたことを平日の昼間からやるようにすれば、それがすなわち、本業になるからです。

情報を集め、定期的に情報を発信し、人脈を広げるために動き、自分の強みを強化するために学習するという流れは、起業後、引退するまで続いていくことになります。不安になることもあるかもしれませんが、「今までの自分を見返してやる」くらいの気持ちで、「起業」を楽しんでほしいと思います。

コラム：不安との付き合い方　～どうしても不安でたまらなくなったら～

起業をするにあたって、不安はつきものですとお話ししました。だからこそ、本格的に起業する前に、通販で言うところの、テストマーケティング的な準備期間（＝週末起業等の練習期間）を設けてほしいという話を、この第6章で取り上げました。

起業して、自分の想定していた通りになれば問題にならないでしょうが、現実的には、想定通りになることは滅多にないと思います。ですから、練習期間中に、自分の思いとお客様の思いとの間にある「ズレ」に気づいてほしいと思います。さらに、ズレに気づいたらそれを修正してほしいと思います。このあたりのことを徹底してから起業すれば、大きな不安感に襲われるようなことも少なくなることでしょう。

それでも、不安をまったくのゼロにすることは難しいと考えています。普通、起業当初は意気揚々としているはずですから、明るい未来しか見えないと思います。でも、時間が経って、自分の描いていた未来との間に乖離《かいり》が生じてくると、途端に不安が芽生えてきます。ここで出てきた不安は、小さいうちに叩いておかないと、あとあとでストレスに成長します。

もし、お師匠さんのような、教えを請うことのできる人が身近にいるならば、その人のところへ相談に行くのもいいでしょう。カーネギーの『道は開ける』のような名著と呼ばれる古典を読むのも参考になると思います。

でも、不安でたまらなくなったときに一番良いのは、「もう一度、ゼロから考えなおす」ことではないかと思っています。もし、私のところに「不安なのですが……」と相談に来る人がいるのなら、「一晩でいいから、もう一度、何があなたを不安にさせているのか、あなたは心からこの先も今の事業を続けたいと思っているのか、考え抜け」というアドバイスをすると思います。不安にさせているものがわかれば、解決の糸口くらいは見つけられます。例えば、私の場合は、知識不足が弱点でした。それを補うために大学に通ったことはすでにお話ししたとおりです。

さて、考えた結果、解決策が見つかって不安が軽減されればそれで問題は解消しますし、仮に「やっぱり起業をあきらめよう」ということになったとしても、それはそれで正答だと思います。50歳以降を楽しむ道はひとつではないからです。サラリーマンに戻ってもいいでしょうし、違うタイミングで、再度、個人起業を検討してもいいですし、違う強みを見つけて、違う分野で起業してもいいのです。

やると決めたことにしがみつくのも大事ですが、若いうちはともかく、50歳からの起業の場合には、方向転換する勇気もまた、同じくらい大切です。私は、70歳から起業しても年収1000万円は稼げると考えています。そのことを前提にすれば、それこそ、再スタートはいつでもできるのです。

コラム：オンリーワン商品に気づくヒントと商品力の強化について

オンリーワンの商品やサービスはどうやったら作れるのかについては、いろいろな方法があると思います。ある分野をこまかく細分化してみるのもひとつの方法でしょうし、計算式のように、あるモノにあるモノ（＝価値）を足してみたり、あるモノからあるモノ（＝無駄）を引いてみたりするのもひとつの方法でしょう。

その中で、私が推奨するのは、「（オンリーワンの）ストーリー性」です。私の著書『仕組みで売る技術』（ビジネス社）で紹介しているように、「商品の質を示す素材」や「製造工程の話」「作り手の思い」「どうしてこの商品を届けたいのかについて」「開発秘話」「この商品の売買で生まれる社会貢献（地球にやさしい）」など、商品に関連する物語をつけてあげると、他商品との差別化が生まれると考えています。わかりやすい例を挙げれば「こだわりの商品」というような一般的な情報ではなく、〝こだわり〟にたどり着くまでの道のりや、どうしてその〝こだわり〟を推しているのかという経営者の思いなどを表現してあげると、そこに他社製品（サービス）とは違うものが生まれます。このあたりの話は、いろいろと関連書籍も出ていますので、向学心を持って勉強するといいでしょう。

さて、起業するときには、質の良い商品やサービスを提供したいと思うはずです。しかし、現実論からすると、最初の段階で最高のものを提供することは、まず不可能と考えておくべきです。もちろん、例外はあるでしょうが、そこ（最初に最高のもの）を狙うと、起業しにくくなると思いますので、最初から「起業を続けながら、商品力を強化していこう」と考えておいたほうがいいと思います。

商品力の強化に欠かせないのは「実際に商品を買った人の意見」です。「どこに魅力を感じて購入したのか」「同業他社がいる中で、どうしてうちの会社を選んだのか」「買おうと思った最終的な決め手は何だったのか」など、購入事例を3～5例ずつ集めて、分析します。その中でわかったことがあれば、すぐに商品（もしくは営業ツール）に反映させます。

最初に想定していたものがくつがえされると、自己否定されたような気持ちになるかもしれませんが、「自己否定＝他人の意見を受け入れることができた＝自分で考えていたものよりももっと良いものが見つかった」ということですから、それでいいのです。自己否定を繰り返しながら、商品は強化されていくものです。学んだ者勝ちです。

こうやって、成功事例を集めて（＝数をこなして）、最終的に質を高めていきます。いわゆる、量から質への転換です。量から質への転換を繰り返していくうちに、次第に「このパターンならうまくいく」という勝利の方程式が見えてきます。

勝利の方程式は、実は100社あれば100通りあります。大事なのは、経営者にとって「これはイケる」と思うものがあることと、それをどれだけ強く思い込めるかです。

普通、経営者には太くてブレない何かがあります。それがルール化されています。ですから、そのルールに合致しない提案があると、「何かがおかしい」と思えるわけです。私が見ている限りですと、このように、自分のルールに照らし合わせて提案をジャッジできる経営者は成功しています。

例えば、「12月12日、伊勢丹の地下の売り場（食品）でAという商品が売れた」というデータ（情報）が入ったとします。できる経営者は、そこから定点観測をし始めます。そして、「このコーナー（伊勢丹の地下の売り場）では、このA商品を出したら売れる」とわかったならば、営業を開始します。ほかにも、掛率が20％を超えたらこの商品は売れない（＝利益にならない）ということがわかれば、高い掛率で仕入れないようにするなど、うまくいったケースを覚えておいて、それを繰り返します。

ひとつ、事例を紹介しましょう。私の顧問先のある健康食品会社では、知り合いの医者が「いいね」と言わない商品は絶対に売らないというルールを徹底しています。医療をサポートとする者として、「この栄養補助食品はいいですよ」と、医者が言ってくれるものだけをお客様に提供するということです。自分の中で、「このパターンなら売れる」というものを見つけて、ルール化して、それだけしかやらない（＝繰り返す）というわけです。

第2部 「個」の力を活かして、生涯現役であれ！

第8章

これからは50＋（フィフティプラス）の人生

1 もし、50歳から起業するなら……

第2章から第7章まで、私が50歳の起業後から実際にやってきたことと、起業するにあたって、やっておいたほうがいいと思うことを紹介してきました。どこまで読者の皆さんのお役に立てたのかはわかりませんが、今までお話ししてきたことは、これからの人生論として、覚えておいてもらえたらと思います。

さて、ここまでの話を総合して、「もし50歳から起業するなら……」という題目で、全体像を見ておきたいと思います。3年計画で考えます。

①47歳

自己分析と他者分析を行っておきます。自分の強みは何か。自分の強みは誰にとって強く必要とされるか。自分の強みが生かせる市場はブルーオーシャンか。自分の持っている強みで市場に新しい何かを

★47歳：自己分析＆他者分析

◎自分の強みは何か（今までのキャリアが生かせるか）
◎自分の強みは誰にとって強く必要とされるか
◎自分の強みが生かせる市場はブルーオーシャンか
◎自分の持っている強みで市場に新しい何かを吹き込めるか

★48歳：情報収集＆自己媒体作り＆人脈作り

◎関わろうと思っている業界の情報を常に集める
◎ブログやSNS、メールマガジン等、自己媒体を作り、定期的に情報を発信していく
◎異業種交流会に参加するなど、起業後に役立つような人脈形成をスタートさせる

★49歳：起業前の土台固め

◎情報収集＆情報発信＆人脈形成の継続
◎副業の形で、平日の夜だけ、もしくは週末だけでも、限定的に起業してみる

★50歳：起業

◎日々の情報収集＆定期的な情報発信
◎仲間作り＆顧客作り（月に何人と名刺交換するかを決めて実行）
◎プル型営業（書籍出版、セミナー開催、ブランディング名刺作成）

吹き込めるかなどを分析しておきます。

②48歳

起業したいと思っている業界や自身の強みに関する情報を徹底的に集めます。さらに、ブログやSNS（フェイスブック等）、メールマガジン等を利用して、集めた情報を定期的に発信します。このとき、私の場合は、仕事に関係のないもの（どこそこで食事をしたなど）は発信しないようにします。あくまでも、自分のビジネスに関するものに徹します。

同時に、起業後に役立つ人脈作りも始めておきます。できるだけ多くの人に会うことをお勧めします。というのも、起業した直後、あなたのお客様になってくれる人は、ブログや異業種交流会を通して、このときに知り合った人たちになると思われるからです。

③49歳

平日の夜、もしくは土日だけでも起業してみるなど、副業の形で、本格的な起業の前に練習しておきます。

④50歳

起業後は、プル型営業に持ち込むようにします。ブランディング名刺の作成、セミナー開催、書籍の出版も視野に入れておきます。日々の情報収集、定期的な情報発信、人脈の拡大（月に何人と名刺交換するかを決める等）なども欠かさずに行ってください。そして、自社ホームページを立ち上げます。

以上が、大まかな流れです。この流れに沿って、実際に起業するまでの計画を見つめてください。起業後に大事になってくるのは実務だけではありません。実にたくさんのことがありますが、なかでも本書の中で紹介した**楽天主義**や**人づきあい**は、一生、ついてまわるほど重要なものです。

個人での起業ですから、歩みを止めないことが最優先されます。その意味では、現状に満足せずに、常に上を向いて歩いていけるような**向学心**も欠かせないと思います。自分磨きは、現役であれば、一生続きます。

2 最低限、これだけはやってほしいと思うこと

本書で紹介したことは、起業後、実際にすべてやってみていただきたいと思っていますが、現実的に、「全部やるのは荷が重い」という人もいるかもしれません。そのとき、やりやすいことからやってもらうのもひとつの方法ではありますが、効率を考えるのであれば、優先順位の高いものからやるほうがいいと思います。以下、私が優先的にやっておいてほしいと思うことを紹介します。

●

①情報の仕入れ

まず30代や40代なり、50代の方々にやってほしいことのひとつは「仕入れる情報の倍増」です。例えば、今まで月に10人の人に会っていたならば、それを20人に増やしてください。月に2冊の本

を読んでいたのならば、月に4冊読むようにしてください。常に、今の自分がやっている情報収集力を倍にすることを目標にしてほしいと思います。

加えて、毎日の情報収集も欠かさないようにします。それこそ、毎日やるべきこととして情報収集のルール化をお勧めします。**自分にとって役立つ情報を必ず見つけ出す**ことを目的として、情報を集めてください。

②情報発信（自己媒体を持つ）

今の時代ですから、メールやブログ、SNSなど、自己媒体を簡単に持つことができます。

起業ということを考えるなら、自己媒体がなければ成功しないとまで思ってください。

私がぜひ作ってほしいと思うものは、自分自身のニュースレターです。春夏秋冬（年4回）でも構いませんので、名刺交換した人などに定期的に送ってあげるといいでしょう。内容としては、日記的なものでもいいですが、ひとつくらいは価値ある情報（読み手の得になるような情報）を入れるといいと思います。目新しいニュースがなければ、情報を整理して、わかりやすく見せてあげるのもひとつの方法です。それだけでも喜ばれます。価値ある情報を発信し続けていれば、それがあなたへの信頼度を上げてくれます。要するに、あなたという商品の価値が上がるのです。

通販でも、重要な要素は「伝える力」です。伝える力（情報発信）の質を上げるためにも、情報の仕入れの部分をおろそかにしないでほしいと思います。

③向学心を常に持つ

「何からでも学ぶ」という力を持ってください。書籍でも、人でも、何でもいいです。余裕があるなら、学校（大学のオープン講座）に通ってもいいでしょう。起業家には、いくつになっても学ぶ姿勢が問われると思っています。

学ぶ機会はいつでもあります。例えば、チラシやカタログ、フリーペーパーなど、無料のものからでも、効果的なキャッチコピーの付け方、ストーリー構成など、ためになる情報は引き出せます。でも学ぶ意識がないとそのことに気づきません。

常に学ぶ意識を定着させるためにも、メモ帳の持参をお勧めします。外を歩いているだけでも、実は勉強になるのです。看板ひとつからアイデアが生まれることもあります。そのときに、「はっ」と思ったことをすぐにメモ帳に書いておけば、あとで振り返ることができます。また、セミナーを受講するときには、多量のメモをとるように習慣づけています。

私が月に100人の人と名刺交換するルールにしているのも、人から学びたいと思っているからです。人脈を広げるということには、顧客開拓や仲間作りの意味もありますが、ここで優秀な人に出会って学びたいと思う気持ちも同じくらい強いのです。

人から学ぶという意味では、ライバルを作るのも大事です。ライバルを作るというのは競争するという意味ではありません。要するに、ベンチマークの会社を作っておくのです。「こういう会社になりたい」「こういう人になりたい」「こういう規模の会社組織を作りたい」ということが見えていると、迷ったときに、学びやすく（マネしやすく）なります。

私は、最初にコンサルの相談を受けるときには、「あなたはどういう会社になりたいの？　例えば、化粧品会社の場合なら、ファンケルのような会社を作りたいの？」というようなことを必ず聞きます。このとき「そうです」ということになれば、目標とする会社のビジネスモデルを徹底的に調べればいいだけですから、簡単なのです。

学ぶということは、自分自身にとって得なことばかりですから、ぜひルール化してほしいと思います。

④時間管理（スケジュール管理）

まだ40代や50代の方々には切迫感がないでしょうが、私の年齢になると、時間の重みを強く感じるようになります。厚生労働省が発表している「あと何年生きられるのか（平均余命）」によると、今、私と同じ70歳の人の平均余命は85・11歳ということです。あと15・11年しか時間がありません。現役時間を考えると、残された時間はもっと少ないと思います。だからこそ、自分の時間を大切にしてほしいと思うのです。

もし起業前であるならば、今の仕事の手を抜けということではないですが、起業の準備に充てる時間を創出してほしいと思います。

起業後は、自分の業務に関連することにすべての時間を使ってください。50歳からの起業であれば、これからの残された時間を考えると、家族サービスなどしている場合ではないと思います。

あと、もし今、趣味があるなら、しばらくはやめたほうがいいでしょう。趣味を持ってしまうと、そちらのほうが楽しいから、どうしても時間を取られてしまいます。趣味もやりながら、起業もしながらという甘い考えは捨ててください。全力で起業に集中してください。どうしても趣味が捨てられないのなら、当分の間は趣味をあきらめて、事業が軌道に乗ってから再開すればいいのです。

●

以上が、最低限やってほしいことです。私の今までの経験から言えば、**向学心を持ちながら、毎日、情報収集をして、定期的に情報発信をして、毎月100人の人に会っていれば、何らかの仕事は生まれる**と思います。あとは、一度つながったお客様（クライアント）を、緊張感を持って大事にしていけば、もう一花咲かせるレベルの生活は誰にでもできると思います。

3 今まで、なぜ、継続することができたのか？

私が、50歳で起業してから今まで、どうして続けることができたのかについても、お話ししておきましょう。

私の場合には、状況が背水の陣でしたので、食べていくためにはやるしかなかったという、ある意味、追い込まれたゆえの覚悟がありました。この「あとに引けない覚悟」はモチベーションを最大にしますが、同時に、プレッシャーも最大にします。要するに、イチかバチかになる恐れのある選択というわけです。私の場合には、たまたまうまくいったという感があるのも、正直な話です。

そういう切迫した覚悟を抜きにしたうえで、どうして続けることができたのかをあらためて振り返ってみると、結果論として、**「得になるから動けた（＝続けることができた）」**と言うことができると思っています。情報収集も、情報発信も、人脈形成もすべて、実行すれば私の得（稼ぎ）になるのです。もっといえば、私が動くと、私のお客様の得になるのです。お客様の得になるということは、すなわち、私の評価が高まること、つまり、私の得にもなるというわけです。

そもそも、得になることでないと動けませんし、続けようという気も起こりません。そのあたりは、本能的に動いています。

「継続は力なり」というように、何事も、続けることのできたものが得をします。価値が生まれます。だから、百歳になった人も、百年企業も表彰されるわけです。

もし、続けられないと感じたならば、「続けることが得になる（稼ぎになる）」と思い込むといいでしょう。単なる精神論に思われるかもしれませんが、実際、私は今までそうやってきました。特に、私の場合は時間給でしたから、動けば動くだけ、続ければ続けるだけ、お金が稼げました。ですから、「続けられない」と思ったことは一度もありません。

継続という話で言うと、「それをやらないと気持ち悪い」と思えるくらいに習慣化するのもいいと思います。

私は今、毎日、フェイスブックを更新しています。今となっては、更新しないと落ち着きません。いつも、朝、起きてから記事をアップしますので、前日のうちに写真を3枚以上撮っておきます。写真があると「いいね」を押してもらいやすいと教えられたので、その作業を毎日やっています。

私は「書く」という行動を重視していますので、習慣化についてアドバイスするとしたら、「毎日のやるべきことを書いて、その項目が為されたかをチェックする」ことを挙げたいと思います。私にも、毎日やるべきことはあります。例えば、先ほどのフェイスブックの更新もそうですし、売上を立てることも、そのひとつです。やるべきことをホワイトボードに書き出して、その日の終わりに「今日はきちんとこなしたか」をチェックします。早ければ、1～2週間、遅くても数カ月くらいで脳に刷り込まれて、自然と習慣になります。

「継続力」ということに関しては、関連書もたくさん出ているので、その種の類書を読んで、勉強するのもひとつの方法だと思います。

4 50＋（フィフティプラス）を楽しむ人生とは

２０１３年、伊勢神宮では「式年遷宮」がとり行われました。その伊勢神宮の精神として語られている大きな思想のひとつに「常若《とこわか》」があります。世界唯一の神明造りの社殿は、２０年に一度、式年遷宮によって常に新しく、常に若々しい姿に生まれ変わります。

この伊勢神宮を２０１３年１０月に訪れたときに深い感銘を受けたことや、新しい活力の源を注入されたことなどが、つい昨日のことのように思い出されます。私も、個人で起業してから今年で２０年目です。「常若《とこわか》」の年になりました。

この「常若」という思想は「５０＋《フィフティプラス》」に通じます。

これまでの各章でお話ししてきたことは、５０歳は人生の下り坂の始まりではなく、５０歳からが人生最高の時の始まりであるということです。

最近では、定年後に大学に通う人々が増えてきています。私も、55歳のときに、1年間、早稲田大学のオープンコース、週1回（毎週月曜日）の午後6時から9時までの、マーケティング関連の講義を受けました。そのときに知り合った先生方や、受講者である一流大手企業の方々との交流は今でも役立っています。さらに、それから2年後、中央大学の同様のコースも受講しました。

この年代（50歳過ぎ）になって、なぜ勉強をするのか。それは、より自分の頭で考え、より自分の言葉で、より自分の意見を伝えるためです。

今や「センテナリアン（100歳以上）」が5万1376人（2012年度）に到達している時代です。1963年には、たった153人しかいませんでしたから、約336倍に膨れ上がっていることになります。

この超高齢化時代は、ネガティブに考えるのではなく、ポジティブに、「これから人生最高の時を創る」という気概で生きるべきです。

私の敬愛するマーケティング学者、フィリップ・コトラー博士も「私の履歴書①」（日経新聞朝刊2013年12月1日付）で「来年5月に83歳になる。そろそろ自分の歩みを振り返ってもいい年齢だろう。だが至って健康で好奇心も旺盛だ。知りたいこと、学ばなければいけないこと、やりたいことばかりだ。気持ちのうえでは50歳だと思う」と語っていました。2014年に70歳になる私も、まさに同感です。

かのピーター・ドラッガー教授も、生前、常に「日本はもう一度、世界をリードできる」と話されていました。その理由として、日本の定年制（その当時は55歳が一般的）を挙げています。55歳を境に、今まで培ってきたキャリアを、再度、新しい社会（環境）に活かすチャンスが与えられるということです。このように考えれば、日本の定年制にも独自の価値が生まれます。

50歳からの起業を考えたとき、起業家にとって一番大事なモノは、「強い思い」と、数学（目標）を文章化（見える化）することだと思っています。具体的に言うと、ミッション（使命）であり、ビジョン（未来予測）です。

自分自身をエッジ化し、ブルーオーシャンの市場商品を見つけ出し、そこにソーシャル性（社会的大義）を持ち込むことで差別化と使命を一体化し、成功へと導く。これが、起業家が目指すべきところだと思います。

他社（人）との差別化の最善の策としては、これから伸びる分野（産業）を見つけることです。私の場合は、20年前の「通信販売」であり、10年前からの「東アジア経済圏（中国およびアセアン）の市場販路開拓」でした。当然、各々の分野には、先行他社がありましたが、独自の方法＝徹底的な現場・現地主義で差別化して、今日に至っています。

人間（起業家）にとって最も大切なことのひとつとして、次世代を育て、次世代に自分のノウハウや人脈等の財産を継承させていくことが挙げられると思います。これは、言い換えれば、死ぬまでに経験や知恵やお金を使い切ってしまうことでもあります。

５０歳からの起業家として、考え方や心構えも含め、起業の数年前から今日までの経緯を包み隠さず語りました。その中に、皆様の参考になる一文でもあれば幸いです。

「通販はマネから始まる」と常日頃から考え、その手法をコンサルティングの一部として実行しています。皆様も、何か、日常生活の中で、「私」をマネできることがあれば、どんどんマネしてみてください。そうすれば、「５０＋」が楽しい人生になり、同時に充実した人生になります。

本書を書くキッカケのひとつとして、『５《ファイブ》』という本に出合ったことが挙げられます。この本は、「５年後のあなたは、どこにいるのだろう！」から始まり、「今のあなたが、残りの人生でいちばん若い」というフレーズで終わっています。

著者からの質問に対して、読者が自由に書き込んでいくスタイルの本ですから、自分なりの夢を実現させていく過程がわかりやすく整理されます。

最後に、この本の中で、私が最も気に入った一文を紹介します。

「あなたの最良の日は、〝自分の人生は自分のものだ〟と決めた日」

おわりに

今年、70歳代に入ります。これからの余命年齢（85・11歳）を考え、本書を書くことにしました。

50代から始めた「通販コンサルタント」、60代からスタートさせた「アセアン&中国進出支援コンサルタント」に加え、同時進行の形で、70代からの「上り坂」の姿が、本書を書くうちに見えてきたような気がします。50代、60代、70代、各々の世代で著作を持つことができたことは幸運だと思っています。

これから、通販事業参入企業は、ますます増え続けることでしょう。

通販の型も、オムニチャネル化が進化し、「O to O」時代では、あらゆる流通業界を巻き込みました。

2～3年先（2017～2018年ごろ）には、「50兆円時代」とも言われる時代が到来します。

また、中国およびアセアン地区への中小企業の進出も、企業生き残り策の選択肢として、現実味を帯びてきました。

一方、国内を見れば、「60歳、70歳代の労働力」が貴重な財産となる時代だと思います。

本書執筆は、こうした状況の中で、私の「70歳以後」を見つめる良い機会になりました。

最後に、本書の出版に関してチャンスをいただいた方々、ならびに、最後までお読みいただいた、読者の皆様全員に感謝を込めて。ありがとうございました。

通販コンサルタント　白川博司

著者紹介：白川博司

1995年に四方事務所設立（2008年株式会社化）同所代表。通販コンサルタントとして、メーカー、加工業、卸・問屋、住宅、小売、旅行、サービス、芸能プロダクション、墓石・葬祭など、これまでにあらゆる業種業態において、通販的手法を活用した新しい売り方、顧客・取引先開拓法、売上増大法を指導。

この16年間に280社以上の通販事業を立ち上げる。徹底した現場主義を貫き、北は北海道から南は沖縄まで月間30社以上、東奔西走で顧問先企業を回る多忙な毎日。

指導の特徴は2つ。「資金500万円、6カ月で立ち上げること」「営業利益10%を必ず獲得すること」。瀕死の企業からの依頼でも倍々成長を実現。中には、わずか5年で売上30倍増の100億円を突破させるなど、「実践・実益のコンサルティング」を展開中。現在は、潜在需要の高い中国・アセアンを中心に、メイド・イン・ジャパンの通販商品を売り込むための販路開拓に注力している。

2015年02月03日　第1刷発行

“現代の花咲かじいさん”が教える
50歳からの個人起業でもう一花咲かせたいときに読む本

著　者　　白川博司
発行者　　後藤康徳
発行所　　パンローリング株式会社
〒160-0023　東京都新宿区西新宿7-9-18-6F
TEL 03-5386-7391　FAX 03-5386-7393
http://www.panrolling.com
E-mail　info@panrolling.com
装　丁　　パンローリング装丁室
組　版　　パンローリング制作室
印刷・製本　株式会社シナノ

ISBN978-4-7759-4132-4

【免責事項】
この本で紹介している方法や技術が利益を生むと仮定してはなりません。過去の結果は必ずしも将来の結果を示したものではありません。
